如何加强对闲置资金的管理

30多岁的白领阶层的投资计划

你的第一本投资学

NIDE DIYIBEN TOUZIXUE

宿文渊 —— 编著

图书在版编目（CIP）数据

你的第一本投资学/宿文渊编著. -- 南昌：江西美术出版社，2017.7（2021.10 重印）

ISBN 978-7-5480-5453-5

Ⅰ.①你… Ⅱ.①宿… Ⅲ.①投资经济学—基本知识 Ⅳ.① F830.59

中国版本图书馆 CIP 数据核字 (2017) 第 112555 号

你的第一本投资学　　宿文渊　编著

出 版：江西美术出版社
社 址：南昌市子安路 66 号 邮编：330025
电 话：0791-86566329
发 行：010-88893001
印 刷：三河市兴达印务有限公司
版 次：2017 年 10 月第 1 版
印 次：2021 年 10 月第 11 次印刷
开 本：880mm×1230mm 1/32
印 张：8
书 号：ISBN 978-7-5480-5453-5
定 价：35.00 元

本书由江西美术出版社出版。未经出版者书面许可，不得以任何方式抄袭、复制或节录本书的任何部分。
本书法律顾问：江西豫章律师事务所　晏辉律师
版权所有，侵权必究

前　言

投资学是一门旨在揭示市场经济条件下的投资运行机制和一般规律，并在此基础上分析各类具体投资方式运行的特点与规律，以使人们在认识投资规律的基础上提高投资效益的学问。随着我国市场经济的不断发展，股票债券市场的扩容，商业银行、零售业务的日趋丰富和国民总体收入的逐年上升，投资已不再是政府、企业和富豪的专利，开始走进平常百姓家，尤其近年来，神州大地更是掀起了一股家庭、个人投资的热潮。而投资学也开始成为普通老百姓迫切想了解的一门学问。我们日常生活中所说的投资主要指的是个人和家庭的投资，这也是本书要着重阐述的范畴。

个人投资是根据个人和家庭的财务状况，运用科学的方法和程序制订切合实际的、可以操作的投资规划，最终实现个人和家庭的财务安全和财务自由。通俗地讲，投资就是合理地利用投资工具和投资知识进行不同的投资规划，完成既定的投资目标，实现最终的人生幸福。投资有两个主要目标，一个是财务安全，一个是财务自由。财务安全是基础，财务自由是终点。投资开始得越早，获得的回报就越多，你也就能越早享受到舒适安全的生活。如果你从今天开始，重视投资理财这个问题，并且掌握科学的、正确的方法，持之以恒地做下去，它将带给你意想不到的巨额财富回报。比如，你的孩子刚刚出生，即使你收入微薄，只要一个月能挤出100元，而年投资回报率是12%的话，你的孩子在60岁的时候就能成为千万富翁。相反，如果你不能通过投资使自己的资产有效增值并超过CPI的增速，那么等待你的只有财富或快或慢地缩水。在1984年，如果你手上有1万元现金，按照每年5%的通胀水平，如今这笔钱只相当于1847元。如果我们不去投资，财富就会被侵蚀掉。这就是经济学中的马太效应：富者愈富，贫者愈贫。正如股神巴菲特所说："一生能够积累多少财富，不取决于你能够赚多少钱，而取决于你是否懂得投资理财，钱找钱胜过人找钱，要懂得让钱为你工作，而不是你为钱工作。"正是在这样的压力下，很多曾经不知投资为何物的老百姓，正充分发挥自己的智慧来维护和增值自己的财富。

然而，投资是一门大学问，涉及财务、会计、经济、投资、金融、税收和法律等多个方面，并且是一个综合的、全面的、整体的、个性化的、动态的、长期的金融过程。在投资过程中，你的财富面临着或大或小的风险，可能极速暴涨，也可能瞬间消失。收益的大小不仅取决于大环境，更取决于对投资工具的选择和投资技巧的运用。因此，在投资中，如果不具备一定的投资知识，就无异于在大海的惊涛骇浪中盲目行舟。对于投资者来说，掌握必要的投资知识，熟悉必要的操作技巧，是有效规避投资风险的重要前提。有了这个前提，任何时候都有赚钱的机会，既可以用低风险的投资工具稳健赚钱，也可以用高风险的投资工具快速赚钱。投资者必须明白，投资不是一时冲动，不是投机取巧，也不是凭借运气，而是一个需要恒心、需要智慧、需要不断战胜自我的长期过程，是需要每个人通过学习和实践才能掌握的一门学问、一门艺术。投资最大的风险不是市场风险，而是投资者自身的知识和技术风险。所以，我们很有必要下大功夫学习投资学。掌握扎实的投资知识，运用正确的投资理念和投资方法，是老百姓成功投资理财的根本之策。

为了帮助广大不懂投资学的读者朋友全面系统地掌握投资学知识，我们编写了这本《你的第一本投资学》。该书汇集了国内市面上众多投资书籍的精华，以培养财富眼光、练就赚钱本事、学会投资理财为出发点，用通俗易懂的语言系统地讲述了与老百姓密切相关的投资知识，为老百姓学习投资提供了切实可行的帮助。书中选取了老百姓最常用的几种投资方式——储蓄、股票、基金、房产、期货、外汇、保险、黄金、收藏、实业进行了详细地介绍，使老百姓能够结合自身特点，选择合适的投资方式，同时借鉴前人经验，更安全、更有效地进行投资。我们力争帮助每一个普通人成为精明的投资者，运用简单而有效的投资策略，获得最大程度的投资回报。

目录 CONTENTS

你的第一本投资学

第一篇 重建投资理念：高薪比不上会投资

PART 01 懂得投资方能帮你打开财富之门 002
　　只赚钱不投资永远不会拥有更多的财富 002
　　制订切实可行的投资计划最重要 004

PART 02 发挥金钱的最大效用，投资就要会"算计" 006
　　如何加强对闲置资金的管理 006
　　怎样消费才是最划算的 008

PART 03 学习致富之道，尽早精通投资方法 010
　　找到诀窍，投资就是这么简单 010
　　通胀和负利状况下首重资产保值 012

第二篇 左手投资，右手财富：富有一生的财富策略

PART 01 20多岁，投资自己，培养"治富"能力 016
　　百分之百的决心与毅力，填满第一桶金 016
　　"个人品牌"让你更有竞争力 018
　　培养你的职场竞争力，把自己的身价提高N倍 019

PART 02 30多岁，贷款投资要慎思 021
　　30多岁的中高收入阶层的投资计划 021
　　30多岁的高收入阶层的投资计划 022

　　　　　30 多岁的白领阶层的投资计划 024

PART 03　**40 多岁，资产结构调整需重视** 026
　　　　　40 多岁人的投资计划 026
　　　　　40 多岁人的最佳投资组合 027

PART 04　**50 多岁，投资方向转移是重点** 030
　　　　　50 多岁，如何实现儿子结婚和自己养老的计划 030
　　　　　50 多岁的"准退休族"如何谋划未来 031

PART 05　**60 多岁，养老投资两不误** 034
　　　　　银发族的两大麻烦 034
　　　　　亲手进行退休投资，架起安全防护网 038

第三篇　投资品种"迷人眼"：理性投资是关键

PART 01　**投资心态：投资，先过心理关** 042
　　　　　入市前，先做好心理准备 042
　　　　　自制力对投资很重要 044

PART 02　**与最适合你的投资工具"谈恋爱"** 046
　　　　　看对眼，适不适合很重要 046
　　　　　不妨掌握投资的 9 个法则 048
　　　　　八字不合，懂得放弃 050

PART 03　**拒绝非理性投资：把风险和陷阱扼杀在摇篮中** 052
　　　　　投资的关键是要保住本金 052
　　　　　评估自己的风险承受能力 055
　　　　　防范投资中的各种陷阱 056

第四篇　精明储蓄：复利的威力很可观

PART 01　小钱里头的大学问——存款利益最大化 060
　　存活期好还是存定期好 060
　　针对不同储种的储蓄技巧 061
　　如何实现存款利润最大化 064

PART 02　投资银行的理财产品，精打细算也赚钱 066
　　银行目前主要的理财产品有哪些 066
　　如何选择银行理财产品才能不差钱 067
　　债券型理财产品，分享货币市场投资收益 070

第五篇　投资股票：高风险高回报

PART 01　股票投资的看盘技巧 074
　　如何看开盘 074
　　如何从盘口判断资金的流向 076
　　如何观察盘口动向 078
　　分时图看盘技巧 079
　　如何从盘中发现个股即将拉升的异样 080

PART 02　如何选择一只好股票 083
　　选股8大原则 083
　　不同类型股民的选股技巧 086
　　如何选择最佳大盘股 087
　　如何选择最佳小盘股 088

PART 03　不同市况下，如何操作股票 090
　　牛市中，如何赚钱 090
　　熊市中，如何操作股票 091
　　盘整市中，如何把握机会 092

震荡市中，散户生存法则..................094

第六篇　投资基金：省心又省力

PART 01　**投资基金之前，你心中有数吗**..................098
　　基金与其他有价证券相比的投资优势..................098
　　投资基金前，先问3个问题..................100
　　确定投资期限和成本..................101

PART 02　**认识更多基金，给你更多投资选择**..................104
　　货币市场型基金——高于定期利息的储蓄..................104
　　股票型基金——收益与风险并存的基金..................105
　　混合型基金——折中的选择..................107
　　债券型基金——稳中求胜的基金..................108

PART 03　**基金定投——"懒人理财术"**..................110
　　基金定投有什么优势..................110
　　基金定投"复利"的魔力..................112
　　基金定投的投资策略..................113
　　什么人适合基金定投..................114

第七篇　投资债券：回报稳定、安全

PART 01　**购买债券前必须了解的**..................118
　　债券投资有哪些优点..................118
　　债券的生钱之道是什么..................119
　　债券投资的种类有哪些..................120

PART 02　**债券交易的投资策略**..................123
　　在升息周期下，如何投资债券..................123
　　熊市之下的债券投资策略有哪些..................126
　　债券放大操作的投资策略选择..................127

PART 03　金边债券——国债投资 130
国债 130
选择什么样的国债 131
怎样进行国债交易 133

PART 04　没事多注意——债券投资中的若干事项 134
是什么在影响债券投资收益 134
债券市场风险分析与防范 136
如何管理与控制债券风险 137

第八篇　投资外汇：真正以钱赚钱

PART 01　外汇——聚敛财富的新工具 142
外汇交易是一种概率游戏 142
通过何种方式进行外汇实盘买卖 144
外汇买卖的技巧 144

PART 02　投资前的预热——外汇投资的准备 146
了解炒汇基本术语 146
个人外汇实盘买卖需要交纳的费用 149
个人实盘外汇买卖对交易金额的特殊规定 149
外汇交易的盈亏计算 150

PART 03　熟悉经典的汇市K线 152
K线三角形形态 152
应引起高度重视的三只乌鸦形态 153
K线组合 154

PART 04　"攻"于技巧——外汇买卖的制胜之道 156
如何建立头寸、斩仓和获利 156
金字塔式加码的优越性 157
巧用平均价战术 158

PART 05	"守"于准则——外汇投资的保本之学 159
	不要在赔钱时加码 159
	切勿"亏生侥幸心,赢生贪婪心" 160

第九篇 投资黄金:财富保值增值的选择

PART 01	走进金世界,开始淘金 164
	黄金独特的投资优势 164
	揭开中国黄金定价的奥秘 166
	预测黄金价格的三大方法 167

PART 02	黄金投资策略选择 171
	黄金的品种选择 171
	把握"钱途"无限的投资理念 174
	长线持有、短线炒作与中线波段操作 176

PART 03	实物黄金投资技巧 179
	如何选择实物黄金 179
	实物黄金当今形势及投资策略 181
	黄金饰品及天然金块投资知识 184

第十篇 投资房产:"黄土"即黄金

PART 01	商品房投资技巧全攻略 188
	如何判断房产投资价值 188
	哪种房产投资好赚钱 189
	如何评估升值潜力 190

PART 02	二手房如何投资得真金 192
	如何挑选二手房 192

二手房如何浪里淘金……194
投资二手房需要注意的问题……196

第十一篇　投资收藏：寓财于乐

PART 01　收藏品的种类有哪些……200
邮票投资—方寸之间天地宽……200
钱币投资—成为"有钱人家"……203
古玩投资—在玩赏中获取财富……206
珠宝投资—收益新宠……209

PART 02　收藏品的投资策略……212
收藏品的选择……212
收藏品的投资程序……213
收藏投资的操作技巧……215

第十二篇　投资商业：借力生财赚大钱

PART 01　如何发现商业投资机会……220
与市场亲密接触，寻找市场需求……220
人脉在手，投资商业就这么简单……225

PART 02　商业投资模式的选择……227
巧借"东风"，合伙投资的智慧……227
加盟连锁，投资成功概率倍增……229

PART 03　商业投资，你需要注意什么……234
不做没有把握的事……234
选择你熟悉的领域投资……236
永远保持"零度"状态……238

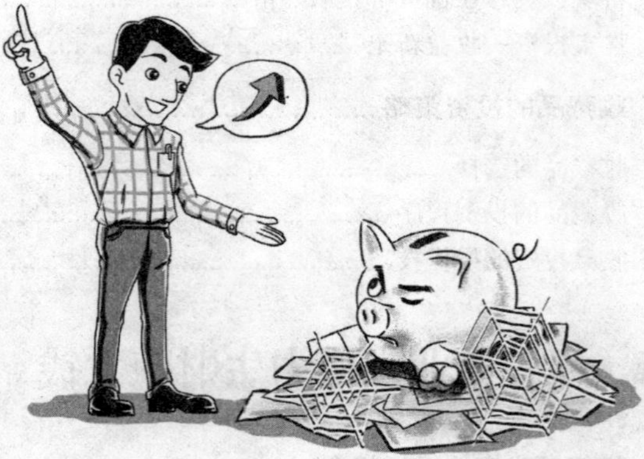

第一篇

重建投资理念：
高薪比不上会投资

PART 01
懂得投资方能帮你打开财富之门

只赚钱不投资永远不会拥有更多的财富

许多人,特别是二十几岁刚刚走出大学校门的年轻人,走上工作岗位,每月拿着固定的薪水,看着自己工资卡里的数字一天天涨起来,他们可以尽情地消费,总感觉高枕无忧。直到有一天刷卡时售货员告诉他们:"这张卡透支了。"这时,他们才惊慌起来,也奇怪起来:"每个月的薪水也不少,都跑到哪儿去了?"对年轻人来说,赚钱固然重要,但是投资更是不可或缺。只会挣钱不会投资的人是不会有钱的。投资至少有以下好处:

1.达到财务目标,平衡一生中的收支差距

人生有很多梦想,这些梦想的实现需要经济上的支撑,例如,累积足够的退休金以安享晚年,建立教育基金为子女的将来考虑,积累一定的资金购车、买房,或者积累一笔资金用于到世界各地旅游,有些人还打算创立自己的事业,等等。这些目标的实现都需要你进行财务规划,对收支进行合理的平衡。

如果一个人在任何时期都有收入,而且在任何时候赚的钱都等于用的钱,那么就不需要去平衡收支间的差异,投资规划对这个人来说就不是必需的。可是实际上,人的一生中大约只有一半的时间有赚取收入的能力。假如一个人能活80岁，前18年基本受父母抚养，是没有收入的；65岁以前，则必须靠自己工作养活自己和家人；而退休后如果不依赖子女，且此时又没有工作收入，那么靠什么来养老呢？如果你有投资意识，在65岁退休以前这长达47年的岁月中，每个月省出200元，购买成长性好的投资品，假设年收益率为12%，那么，47年后会积累多少财富呢？是5453748.12元，接近550万，这是一笔不小的数目，这样的话，你就可以享受比较富裕的晚年生活了。

2.过更好的生活，提高生活品质

平衡一生的收支只是投资规划的基本目的。每个人都希望过好日子，而不仅仅是满足由出生开始到死亡为止的基本生活需求。你是否想买一幢或者一套豪华舒适的房子？是否想开辆黑色奔驰车驰骋在空旷的马路上？你是否想在周末或节假日去豪华餐厅享受温馨浪漫的晚餐？是否想每年旅游一次？这些都是基本生活需求以外的奢侈想法，但并不是幻想。追求高品质的生活是投资规划的另一个目的。

3.追求收入的增加和资产的增值

人们除了辛勤地工作获得回报之外，还可以通过投资使自己的资产增值，利用"钱生钱"的办法做到财富的迅速积累。

4.抵御不测风险和灾害

古人云："天有不测风云，人有旦夕祸福。"一个人在日常生活中经常会遇到一些意料不到的事情，如生病、受伤、亲人死亡、天灾、失窃、失业

等，这些都会使个人财产减少。在计划经济时代，国家通过福利政策，几乎承担了城市居民生老病死的一切费用，人们的住房、养老、教育、医疗、失业等费用负担很小。改革开放以来，居民开始越来越多地承担以上的费用和风险。为抵御这些不测与灾害，必须进行科学的投资规划，合理地安排收支，以求做到在遭遇不测与灾害时，有足够的财力支持，顺利地渡过难关；在没有不测与灾害时，能够建立"风险基金"，并使之增值。

5.提高信誉度

常言道："好借好还，再借不难。"合理地计划资金的筹措与偿还，可以提升个人的信誉，增强个人资金筹措的能力。当然，科学地规划个人的财务也能保证自己的财务安全和自由，不至于使自己陷入财务危机。

大学毕业了，我们开始挣钱了，更要学会投资理财。赚钱与投资就像是富人的两只手，只有用两只手才能捧住财富。

制订切实可行的投资计划最重要

投资的具体操作很简单，通常只要在投资机构开一个户头，看到什么好的投资项目，便可通过投资机构入市，等到升值了，认为已经升到顶，便可以出货，赚取其中的差额。很多投资基金项目的投资者，甚至不必去证券所，只要相信基金公司的管理，把资金交到他们手中，付给其一定数额的管理费，他们就会把资金集合起来，做全面性的投资，你就可以赚取一定的回报。从表面上看，投资根本不需要什么计划，但事实并非如此，没有计划的投资，一定是失败的投资。

投资讲究以一个投资方针贯穿整个计划，各项投资相互联系，不能孤立起来看，必须了解每一个投资项目在这个计划当中所占的地位、所扮演的角色，这样才能明白其中的意义。例如，在整个投资计划中，你可以主要倾向于低风险。那么，大部分资金便应该放在低风险而回报比较稳定的项目上，如债券等；小部分可选择风险稍高的，如可选择前景看好的新兴创业板上市的科技股。只有这样的计划，投资者才能规避风险。

投资理念是宏观概念，起指导作用。投资策略是中观概念，居于中间位置，起承上启下的作用。投资计划是微观概念，是最具体最实际的。投资大师巴菲特曾说过，他可以大谈他的投资哲学，有时候也会谈他的投资策略，但他绝不会谈他的投资计划。因为，那是最重要的商业秘密，是核心竞争力的集中体现。每个投资者水平如何，业绩差异多大，最终落脚在投资计划上。由此可见投资计划的重要性了。

投资计划的第一项工作，是确定投资目标，即选定具体的投资品种。

首先，投资目标要经过严格的标准检验。

其次，制定买卖计划，如在什么价位买入、持有多长时间、什么情况下卖出。

再次，明确资金如何分配、动用多少资金、分几批买卖等情况。

这些都要有清晰的具体的明确的说法，最好是形成文字材料，有据可依，有证可查。

制订投资计划是投资者最重要最经常性的工作之一。但是要明白，做好这项工作要有充分的调查研究，有缜密的推理论证，要自己拿主意。不能听信小道消息，不能寄希望于幻想，也不能依靠灵机一动。制订投资计划，主要就是为了克服盲目性。如果投资计划不是建立在严谨的科学的基础上，那还不如不做。

投资计划若采用高风险的策略，保本的投资比例便会比较少，大部分资金集中在高风险的项目中。这些投资看准了便可以赚大钱，但看错了就可能全部输尽。投资者应给自己留一些后路，譬如，在手中预留大量现金，可以随时调用。这也是一个投资计划，若没有这个计划，投资血本无归时，后果是难以想象的。

投资计划也包括每一项行动中的细节，例如，止损点的价位如何，止赚点的价位如何，什么时候应该买入，什么时候应该出货等，都应该在入市之前有详尽的分析和结论。

从以上的分析可以看出，投资计划是帮助你增加投资胜算的。没有计划，投资就像航行在海上没有指南针的船一样。有了计划，投资就像有了掌舵人，有了前进的方向，知道自己下一步将会怎样发展下去，还差多少达到目标，离成功还有多远，以及还需多少资源、多少努力才会成功，之后就可以按照需要逐步实现自己的目标了。

PART 02
发挥金钱的最大效用，投资就要会"算计"

如何加强对闲置资金的管理

为什么要管理闲置资金？加强对闲置资金的管理，有什么优势？

除去日常开销、基金股票投资等，你每月有多少闲置的资金（也许是应急资金）？因为这些资金随时可能被用到，因此不适合做定期存款，也不适合投资股票型、混合型基金，只能放在银行卡里赚着活期利息。你是否觉得这些钱闲置着很不值？国庆节假日期间，沪深证券交易所、上海黄金交易所和上海期货交易所全部休市，空仓资金在节日期间难免要"睡大觉"。此外，计划在国庆节后用于购房、提前还房贷和购车等用途的大额资金也存在过节期间"睡大觉"的问题。如何让闲置资金过节时不闲置？投资者的资金量越大，就越需要认真考虑这个问题。以股票投资为例，100万元的闲置资金如果趴在保证金账户上不动，利率不多。然而，如果我们合理运用一些金融工具，收益率可能会高很多。

（1）银行青睐大资金，例如：农业银行、浦发银行、华夏银行、北京银行和北京农村商业银行推出的"国庆版"的产品，期限为7天至14天，主要投资于债券或货币市场等低风险金融工具，大多承诺保本。其中，针对高端客户的产品预期年化收益率最高达到2.75%。产品说明书显示，银行更青睐大资金。例如，深发展的国庆产品分成3个档次，起始购买金额如果为5万元，则预期年化收益率为1.8%；起始购买金额如果为20万元，则预期年化收益率为1.9%；起始购买金额如果为500万元，则预期年化收益率为2%。浦发银行的国庆产品也将起始购买金额分成3个档次，分别是10万元、100万元和500万元，对应的预期年化收益率分别为2.5%、2.6%和2.7%。

（2）留神理财产品时间差。需要注意的是，国庆节后股市、期市和黄金市场恢复交易时，有的银行理财产品尚未到期，存在时间差。以浦发银行产品为例，收益起始日期为9月30日，结束日期为10月11日，而股市于10月8日恢复交易。购买该产品的资金在10月8日无法投入股市。如果投资者希望"无缝对接"，那么可以选择更为灵活的常规性理财产品。

（3）买货币基金要趁早。货币市场基金也是一大工具，以2010年的9月21日的市场数据为例，当天共有54只货币市场基金的7天年化收益率超过1.5%，17只超过2%，4只超过2.5%。需要注意的是，基金管理公司在长假前通常会提前暂停货币市场基金的申购和转入。货币市场基金也存在时间差问题。赎回资金通常是"T+2"到账，如果投资者在10月8日股市恢复交易当天发出赎回指令，则资金在下周才能到账。

（4）逆回购是高手利器，逆回购是投资高手青睐的工具。个人投资者可以通过证券交易所把资金借给机构投资者，这种操作被称为逆回购。逆回购的风险低，而如果操作得当，收益率可能颇为理想。

怎样消费才是最划算的

海是个白领，月收入不错，却坚决反对浪费，平日里最常挂在嘴边的名言就是：浪费有罪，浪费可耻。大家一同出去吃饭，碗里的饭吃得最干净的是他，将未吃完的饭菜打包带走的也一定是他。海身上的穿戴不乏名牌，但多数是在换季打折的时候买的……诸如此类，但几年前，DV刚兴起的时候，海却花了不菲的价钱买了一部，他说他很想将自己和家人的生活状态记录下来，留作纪念。后来，出国游刚热起来的时候，海又毫不犹豫地带着全家人出国兜了一圈，大开了眼界，按他的话说，这钱只要花得值，就该花！

花钱要花得值，比如说，每次去买东西之前都会先想想是否真的需要；上班时一般自带饭菜，既节省又卫生；买水果就去批发市场，要比超市里便宜很多；家务坚持自己做，不请钟点工，既省了钱又可以锻炼身体。其实花钱花得值，与人们从前概念中的吝啬抠门有本质的区别，从前的人们这样做是因为物质匮乏，收入有限，不得已为之；而新节俭主义者是在物质丰富，收入充足的情况下，不该花的钱不乱花，他们不是不消费，而是将钱用在最该用最值得用的地方。

少一点物质的欲望，过简单却高品位的生活，在不浪费却也不降低生活质量的条件下，用最少的金钱获得最大的愉悦和满足，这样的新节俭主义其实很好。

好生活不仅是一个目标，而且是一种动力。生产是为了消费，劳动是为了收获。富足和时尚的生活，可以给人带来无比的愉悦和快乐。所以当有能力满足自我的时候，改善生活当然成为理所当然的事。比如，旅游、健身……"新节俭主义"的核心观点是，收入虽然不菲，支出却要精打细算。该消费时消费，该节省时节省，既要将日子过得五彩缤纷，又要摒弃过度的奢华。简言之，就是理性消费、简约生活。但是，也有人认为，"新节俭主义"与时下的扩大内需、拉动消费是矛盾的。真的是那样吗？

很多人是这样理解的——"新节俭主义"与眼下政府努力所做的扩大内需、拉动消费并不矛盾，提倡"新节俭主义"的人群同样支持消费，但他们会把钱花在刀刃上。有很多事想做，那就要先想清楚，哪种需要是最急需解决的，哪些可以先放一放。只有找准了生活的支点，才能撬起自己最大的快乐。

简而言之，最划算的消费可以从以下几个方面开始做起：

（1）吃不穷，穿不穷，计划不周要受穷。20世纪五六十年代时，家庭能做到收支平衡就很不错了。当时大家常年记流水账，每月开支后第一件事就是把房费、煤气费、水电费和孩子的学费拿出来，其他的便用于日常支出。到了月底如果出现赤字，就从账目上查找，如果有节余就适时地改善一下生活。

（2）不浪费、低碳生活也是理财的一种。比如，利用"冰箱贴"的方法防止遗忘，提示冰箱里储存的食品，减少开冰箱的次数，省电不说，还吃新鲜东西。另外，把节日收到的礼品都做详细的登记，名称、种类、保质期一目了然。还有，将大衣服攒在一起用洗衣机洗，小衣服就用手洗，既省了水又锻炼了身体，还符合现在的低碳生活。

（3）储蓄应成为老年人的首选，但不要盲目储蓄，要选择最合算的方式。例如，把每个月的节余办个零存整取，它的利息比活期高不少。如果每月节余稍多，可将零存整取换成每月存一张定期，每月定存不仅可分享更高利率，而且每月都有资金到期，就现金流而言，也更为平衡。

PART 03

学习致富之道，尽早精通投资方法

找到诀窍，投资就是这么简单

巴菲特的工作方式，永远不会选择电影《华尔街》里的场景：慌乱的人们左手拿着一个电话，右肩和脸颊夹住另一个电话，右手则用铅笔在白纸上写写画画，眼前的行情机闪烁着绿色荧光，旁边不断传来"做多""做空"和证券代码以及骂人的声音……与之相反，巴菲特的生活与工作则显得悠闲得多，他甚至有大把的时间可以自由支配。他可以从容地为自己做早餐，或者躺在地板上与朋友煲电话粥。他

总是给人一副气定神闲的模样,像一位深沉的思想者或哲人。

正是这位慈眉善目的巴菲特,从奥马哈白手起家,仅仅用了40余年时间便在华尔街创造出430亿美元,这种财富奇迹是怎样被创造出来的呢?

其实只要掌握了投资诀窍,投资就是一件很简单的事情。下面主要来谈谈投资诀窍。

巴菲特说,两个原则最重要:"第一,把股票投资当作生意的一部分;第二,确立安全边界。"巴菲特表示,确立一只股票的安全边界尤为重要,这是保证成功投资的不二法门。"一只股票有其实际的价值中枢,当市场价格已经超过这只股票的实际价值很多的时候,就到了该卖出的时候了。你在'抄底'时也不要指望在已经跌了95%或者90%的时候能够买入,这是很难的。"

巴菲特幽默地说老朋友伯克希尔·哈撒韦投资公司的副总裁查理·芒格是使他投资能够保持常年不败的"秘密武器"。"查理总是教会我不要去买那些在统计上看起来很便宜的股票,查理在很多问题上都是很精明的。"巴菲特说。巴菲特发表一年一度的《致股东的一封信》,其中重申了让自己成功的投资"秘诀":

(1)保持流动性充足。他写道,我们决不会对陌生人的好意产生依赖,我们对自己事务的安排,一定会让我们极有可能面临的任何现金要求在我们的流动性面前显得微不足道;另外,这种流动性还将被我们所投的多家、多样化的公司所产生的利润流不断刷新。

(2)大家都抛时我买进。巴菲特写道,在过去两年的混乱中,我们把大量资金用   起来;这段时间对于投资者来说是极佳时期,因为恐慌气氛

是他们的最好朋友……重大机遇难得一见,当天上掉金时,要拿一个大桶而不是顶针去接。

（3）大家都买时我不买。巴菲特写道,那些只在评论家都很乐观时才投资的人,最后都是用极高的代价去买一种没有意义的安慰。从他这句话推导,显然是要有耐心。如果人人都在买进时你做到了按兵不动,那么只有在人人都抛售时你才能买进。

（4）价值,价值,价值。巴菲特写道,投资中最重要的是你为什么给一家公司投钱——通过在股市中购买它的一小部分——以及这家公司在未来一二十年会挣多少。

在动荡年代,巴菲特的这些建议都是符合时宜的。

通胀和负利状况下首重资产保值

张先生33岁,夫妻两人有15万元存款,无债务,生活开销一般,也没什么需要大笔支出的地方。他们感觉今年投资房地产不靠谱,对保险又不了解,银行存款利率太低,因此不知道如何做到保持资产保值。

根据张先生的情况,有一些理财师建议张先生可以对15万元存款作一资产配置。他们建议张先生保留3个月的支出作为紧急备用金,以定期存款的形式持有,按照资金的流动情况分别存以3个月、6个月和1年期;假定张先生为稳健型投资者,剩余资金可按5:3:2的比例分别投资风险资产和无风险资产,其中50%的资金可以投资大盘蓝筹股和股票型基金、债券型基金,30%的资金可以考虑国债或银行人民币理财产品,最后的20%资金可考虑分红型保险产品或实物黄金。其间,建议张先生将每月家庭的结余进行基金定投,长期不懈地投资。

在通胀压力不断升温、楼市股市吹冷风的背景下,首要的是使资产保值。资产保值可从以下几个方面做起:

1.购买银行短期理财产品

银行理财产品最近重新受到投资者的青睐,其中低风险、期限短的固定收益品种更受追捧。目前市场上2个月限短期理财产品,预期年化收益率达到3%左右，半年期产品的收益一般都能达到3.6%以上，一年期产品的收益大多能达到4%以上，远远超出同期的存款利率。通常情况下，银行理财产品的收益会受到资本市场大环境的影响。在通胀压力大增预期下，选择银行产品是有道可循的。但面对众多繁杂的理财产品，投资者要遴选出高收益的品种，策略上应有所侧重。首选挂钩商品类产品，比如，挂钩黄金、挂钩农产品的理财产品。

2.长期可配置黄金

专家建议人们可以根据自己的资产情况以及风险承受能力配置资产，中长期的资产可选择配置部分能防御通胀的高预期收益资产，如股票、黄金和基金。专家认为全球经济可能面临二次探底，黄金牛市也无需怀疑，因为经济增长前景黯淡会推动对黄金的投资需求。不过，也有分析人士认为金价中期将走弱，但每年第四季度都将迎来上涨行情。对资金量不大的投资者而言，分析人士认为不适宜投资实物黄金；考虑到黄金抗通胀特性以及金价已大幅上涨的现状，看好黄金的投资者可少量配置黄金股抗通胀。由于美元走势对黄金投资影响较大，因此提醒短线投资者要多关注美国经济数据以及外汇市场的走势。

此外，宏观经济数据公布后，基金业内人士认为市场流动性宽裕整体格局没有改变，中长期来看，股市上涨可为投资者提供抵御通胀的机会。

3.定期存款不宜超过6个月

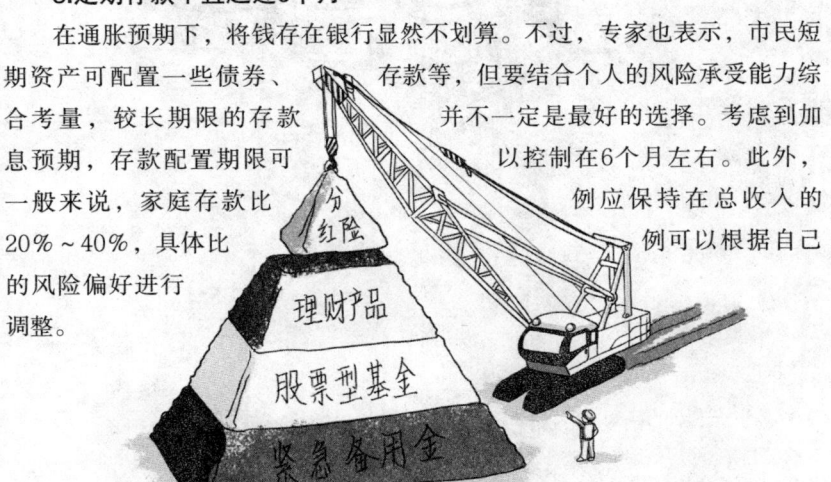

在通胀预期下，将钱存在银行显然不划算。不过，专家也表示，市民短期资产可配置一些债券、存款等，但要结合个人的风险承受能力综合考量，较长期限的存款并不一定是最好的选择。考虑到加息预期，存款配置期限可以控制在6个月左右。此外，一般来说，家庭存款比例应保持在总收入的20%~40%，具体比例可以根据自己的风险偏好进行调整。

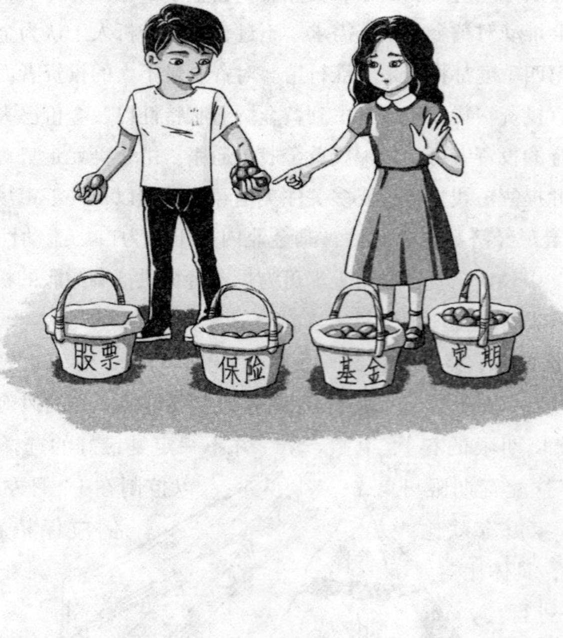
股票
保险
基金
定期

第二篇

左手投资，右手财富：
富有一生的财富策略

PART 01

20多岁，投资自己，培养"治富"能力

百分之百的决心与毅力，填满第一桶金

创业第一桶金怎么赚，简单吗？这里介绍的创业第一桶金的赚钱方法是相对简单的，也比较实用。创业其实并不难，第一桶金怎么赚也别想得那么复杂！

1.一技在身

都说拥有万贯家财，不如有一薄技在身。就凭这身薄技，最低目标是能养家糊口，最高目标是能发家致富而创下万贯家财。

张果喜是中国大陆第一个亿万富翁，也是迄今为止中国唯一把自己的姓名写到行星上的企业家。他是一个木匠，在上海艺术雕刻品一厂学会了生产雕刻樟木箱。有了这一手艺，在广交会拿到订单，20个樟木箱，赚了1万多元。

第一桶金的掘得，使他把家当全部押在传统木雕业上，最终有了今天的成果。

陈逸飞到美国，先是替博物馆修画，报酬是3美金1小时。因画技出众而进入画廊，当听到有人出价每张画3000美金时，陈逸飞说："我一下觉得中了头彩，仿佛天上掉了个馅饼下来。"这样，才有了他后来的视觉产业。

没有手艺，便去学门手艺。首先最好是在你准备打天下的地方，学门拾遗补阙类的手艺。掌握手艺后，就要向精益求精发展，要在一个区域里竖起旗帜，并在其间进行区域的扩大。

2. 借鸡生蛋

王志东虽然已经离开了新浪网，但他借船出海的举措，是相当成功的一例。

1993年，王志东向四通融资500万元港币，创办四通利方，后来，四通利方与华渊网合并，易名新浪。1999年，在国际上融资2500万美元，后来，又向戴尔电脑和软银等融资6000万美元。2000年，上市纳斯达克，融资打开新天地。

荀子对此早有总结："假舆马者，非利足也，而致千里；假舟楫者，非能水也，而绝江河。君子生非异也，善假于物也。"

3. 捕捉机遇

这个榜样是上海的杨怀定，人称杨百万。应该说，他的第一桶金是来自国库券的易地交易，108元买进，113元卖掉，4个小时赚了800元。

他说："赚了以后，我就开始想入非非，到外地108元买回，到上海112元卖掉。"

心动不如行动，他立刻到合肥，那里的国库券与上海的差价是30元。两天时间，他就赚了6000元。他认为自己"找到了一条挖金矿的路"。

发现机会要有眼光，兑现机会需要行动。这一切，还

要有学识、毅力等内功的支撑。

4. 自己动手

不少富翁说过：有条件要上，没有条件创造条件也要上。

吉利汽车集团的董事长李书福的第一桶金是开照相馆掘得的。他到南京路的冠龙，只买了几个灯泡。1000多元的反光罩买不起，自己动手做了一个，只要2元，他觉得与敲个白铁皮的水桶没有多大的区别，甚至连照相机上的皮老虎和装胶片的玩意，都是自己做的。在他眼里，"汽车只有4个轮子，1个方向盘，1个发动机，1个车壳，里面还有两只沙发"。

因此，对他后来敢造冰箱、造摩托车、造汽车，也没有什么可惊讶的。

"个人品牌"让你更有竞争力

商品都有商品的品牌，去商场买东西，我们宁可多花钱也要品牌商品。就是因为品牌商品有品质的保障。作为人，我们每个人也要打造"个人品牌"，你的名字就是你的"个人品牌"。一旦拥有了个人品牌，你在职场中就会所向无敌，你的名字就代表着你的工作能力，你的名字也就成了你的工作能力的象征。

要打造"个人品牌"，你就要时时保持竞争力。往往，你的"个人品牌"也代表着你的道德观、作风、形象、责任，好的品牌之所以强势，就是因为它结合了"正确的特性""吸引人的性格"以及随之而来的与消费者的"良好互动关系"。"个人品牌"必须有"正确的特性""吸引人的性格"，只有这样，才会美名外扬，替自己创造更多的机会！

如何才能打造自己强势的"个人品牌"呢？

1. 不断提升自己的专业能力

专业能力代表了足够的知识、技能，可以满足工作的需要，拥有专业能力的专家，就是知识丰富加上执行力强，是可以帮企业解决问题的人。"拥有专业能力"是一种绝佳的个人品牌，是一种内涵的呈现。由于不断地有新知识及新技术的推出，为了避免过时，专家必须不断地增进专业能力，这是打造"个人品牌"首先要注意的！

2.拥有谦虚的态度

谦虚是非常迷人的特质。许多社会中的名流,越是成功,越是对人谦和。无论什么时候,谦虚的人都会受欢迎。如果你能力有限,谦虚会让人感觉你诚实上进,如果你工作能力很强,谦虚会让人感觉你受过良好的教育,综合素质很高。

3.维持学习力及学习心

学习力及学习心是不老的象征,也是延续"个人品牌"的手段。一个不断学习的人内在是丰富的,也会更容易拥有自信心及保持谦虚的态度。学习会让你时时刻刻感觉在进步。学习会让你找到自身的不足,从而改正陋习。

4.强化沟通能力

沟通能力包括"倾听能力"及"表达能力"。"个人品牌"必须通过沟通能力传达出去。你必须有能力在大众前清楚地表达,透过文字传达思想;也要学习站在他人的角度看事情,尝试以对方听得懂的语言沟通。而要达到这个目的,倾听是必要的。

5.亲和力

亲和力是一种甜美的气质,让人在不知不觉中被你吸引。亲和力也是一种柔软的积极性,是透过"与人亲善"的特质发挥更多的影响力。倪萍主持的节目上到七八十岁的老人,下到五六岁的孩子都喜欢看,这就是她的亲和力打造了她极有魅力的"个人品牌"。

培养你的职场竞争力,把自己的身价提高N倍

有一年轻人J,大学毕业以后在银行里找了一份工作。她一点也没想过提升自己的能力,只知道埋头努力地工作,然后把赚到的钱存到银行里。工作闲暇,她从没有学习过英文,就连电脑上最基本的Power Point软件都不会使用。

就在她以为银行的这份工作可以干一辈子时,突然发生了一件大事,她工作的那家银行被美国一家很大的银行兼并了。这可不是一件单纯的合并案,因为两家银行合并之后,就得把没有什么工作能力的人给解雇掉。所以,每天

一起吃饭一起找乐子的同事们，一夕之间就变成了为生存而相互斗争的敌人。

像经理那样高的职位，已经让美国人给占据了，所以她们就连业务报告也得用英文来写。J为了写个报告不得不通宵熬夜，连周末假期都泡汤了。

但是这么做能撑得了多久啊？英文又不是一天两天就能掌握的，而且在大众面前一次也没有发过言的人，怎么可能像电视剧里一样，一下子就很流利地发言呢？

J慢慢地开始害怕上班，最终因为无法战胜自己的恐惧而辞职了。理所当然J就被社会给淘汰掉了。

突然辞职又找不到工作的J感叹："没有早点结婚可真后悔啊！"她把以前的积蓄拿了出来，却开始害怕生活了。

可能你会认为，J在银行里工作那么长时间了，怎么会找不到工作呢？雇主却会想，与其聘用一个英文不好而且无能的人，还不如找一个没有什么经验但学历优秀的人来培训几个月，这样对公司而言，会更加有利。

如果J在把自己的工作当成铁饭碗的同时，还能努力地提升自己的能力，那么一定会在合并以后的银行里找到新的稳定的工作岗位。就算不在这个银行里上班，也可以跳槽到比这个银行更好的公司。

在这个竞争激烈的世界中，为了工作的发展，提升能力是必需的。我们不仅要努力地储蓄，还得要努力地提升自己的能力，这的确不是一件容易的事，可是生活在这个残酷的世界里，这也是没有办法的事。无法避免就只能快乐地接受，不要盲目地只是为了吃喝玩乐而赚钱。

PART 02

30多岁，贷款投资要慎思

30多岁的中高收入阶层的投资计划

目前有许多中国城市家庭可以被称作"中高收入家庭"，这些家庭的年收入在10万元以上；其中有很多家庭拥有12万元以上的存款，这一"富裕"客户群实际占中国商业银行个人存款总额50%以上，且贡献了整个中国银行业赢利的一半以上。

不断增长的财富正促成中国中高收入者投资态度和行业的变化。这种变化首先表现在"富裕"客户愿意在挑选个人金融服务产品时进行多方比较。在调查中，有73%的受访者认为值得投入精力去挑选个人金融服务产品，而这一比例在亚洲的总体水平仅为56%。同时，这些"富裕"客户愿意通过付费来获得好的个人金融服务的比例也高于亚洲总体水平。换句话来说，中国的中高收入者比较愿意为享受好的金融产品和服务付出相对高的价格。

另一种变化表现在借款方面。人们越来越愿意向银行贷款，受访者中62%的人表示愿意贷款消费，这其中并不包括按揭产品，年轻受访者持此观点的比例竟高达93%。然而，目前中国银行不能满足这些贷款需求。麦肯锡的报告指出，中国中高收入者对目前金融机构的满意度比较低，仅有65%的受访者对目前金融机构满意，低于亚洲75%的总体水平，这一比例在亚洲受访国家和地区中排在倒数第三位。这些"富裕"客户已日益被外资银行吸引。

中国本地金融机构需要尽快建立零售客户风险评估体系，要从各客户群和产品的赢利能力考虑。但现在多数银行缺乏业绩衡量系统，既不能确定谁是最佳客户，也不能衡量各客户群的赢利能力。另外，还需要细分客户，特别为4%的"富裕"客户提供有区分性的服务。

其实，这些中高收入家庭的投资规划一般集中在个性化的金融服务上，各种新型的金融产品和金融工具都是他们青睐的对象。

针对这类群体，笔者提出建议：

（1）储蓄。一般以每月15%的比例来安排自己的收入。

（2）股票和基金。这部分应适当调整。有了较相对安稳的规划后，财务也必须日趋稳定，你应用其中不大于40%的部分来投资股票和基金，减少相对风险。

（3）债券。可稍微提高此安全投资的比例，如拿出工资的25%左右投资债券。另外，由于债券风险较小，你即便多投些资也无妨。

（4）保险。此类投资比例建议占工资5%。因为你的身体此时仍十分健康，突发疾病的可能性也较小，所以适量保险即可。

（5）留下孩子的教育基金。可每月存5%~10%，以为孩子的发展早做准备，以免孩子的到来将生活秩序打乱。

（6）若仍有余钱，可适当考虑投资房产等。

30多岁的高收入阶层的投资计划

家庭年收入达到20万元以上，将增加旅游、教育消费和投资；收入6~10万元的家庭，有一半左右的人愿意增加旅游消费，然后是增加教育、家用电器、住房消费，还有购买计算机、家用汽车、通信工具、保险、健身娱乐的意愿。

高收入家庭在制定投资规划时，首先考虑的是汽车、住房、教育等。另外，高收入层次结构的人愿意把收入大部分用于投资。有数据显示，无论现有投资还是未来投资，高收入家庭都把目标瞄准证券投资，如国债和股票。因此，在投资前要制订相应的消费计划和投资计划。

陈真是一家公司的副总经理，他的家庭月薪大约有1万元。为了能尽快拥有自己的流动资金,他将每个月约20%的收入存入银行,其他的自由支配,一年后,他就有了24000元。

他将这笔钱分成如下几类:

(1)买股票:大约6000元。因为他觉得,虽然股票投资风险较大,但收益与之是并存的,只要他抓准时机,挑好种类,就能带来高额的投资回报。

(2)买保险:大约2000元。与他同龄的年轻人对保险的认识都很肤浅,他却认为,保险对于保障自己和财富的安全至关重要。再者,购买保险也是一种较安全的投资方式。根据国家的税务规定,保险赔偿金不征收个人所得税,相对来说能享受到一些优惠。

(3)买债券:大约3000元。在他眼中,国债几乎没有风险,收益也不错。自己并不是太偏好风险投资,不想将太多的钱投资到股市上,但都存到银行又觉得浪费。拿这笔钱来投资债券刚刚合适。

(4)定期存款:大约5000元。他觉得,自己虽然收入很多,积累多,但也要有固定的资本,所以就选择了定期存款。通过计算,他发现短期的利率低,长期又怕资金活动受限制,而中期定期存款的利率比较合适,又能满足自己的需要,就将一部分资金定存。

(5)活期存款:大约5000元。他的收入高,但社交活动也多,花销也大,因此,他将这5000元留作自己的活动经费。如遇到紧急情况,可解燃眉之急,且存取又很方便,能及时解决问题。

(6)剩余的资金:大约3000元。他想用于自身投资。平时想买些与职业相关的书籍,接受一些新的培训。另外,他还想考个注册会计师证,以方便自己以后的管理工作。这3000元钱就派上了用场。

参考陈真的案例,有以下几种投资建议:

1.股票基金投资

由于他的资金相对来说比较充足,所以,他可以优先考虑风险投资,以积蓄的30%~40%做风险投资。此处陈真选择的是股票,当然他也可以选择基金等其他投资产品。

2.保险

可根据个人情况，放入大约10%左右的资金。这是人生各个阶段都不能少的一项生活保障，所以一定要固定下来。

3.债券

若你和陈真一样是风险厌恶者，则可以尝试多买些债券，收益比储蓄要高，且风险较小，你可以投资大约15%的资金。

4.存款储蓄

存款是"财富高楼"的基石，要知道，很多富豪都是从积蓄一点一滴开始，才有了自己的一份事业。为了你的"钱途"，必须要有适当的存款储蓄，大约可以占资金的20%~40%，根据个人情况而定。

5.投资其他

可以投资自己，进一步提高自己的能力，也可以投资房地产、黄金等市场，总之，让闲钱流动起来，好为你换来更多的收益。

30多岁的白领阶层的投资计划

孙女士的家庭是一个三口之家，先生是一家公司的部门经理，今年32岁，年薪18万。孙女士刚刚研究生毕业，26岁，准备在家做两年全职太太，孩子刚出生不久。家庭现在月开支大约在2500元左右，有5万左右的债务和40多万（15年）的房贷，房子目前市价50万元。双方父母都在60岁以上，没有养老保险，需要孙女士夫妇赡养。

先生所在公司竞争激烈，他又不是很年轻，而且将来孙女士重新工作的收入也不确定，因此孙女士夫妇觉得家庭经济压力比较大。现在先生对股票投资兴趣很大，准备在半年内还清5万元债务，并将全部资金投进股市。

对于孙女士的这种情况，专家替她分析：丈夫的工资是家庭唯一的收入来源，虽然收入颇丰，但家庭负担很重，而孙女士两年内无就业打算。目前，孙女士家中无存款，且债务负担过于沉重，建议孙女士尽快调整收支计划。

双方家庭一共有4位老人需要照顾，由于年龄太大，现在再买保险已不合

第二篇　左手投资，右手财富：富有一生的财富策略 | 025

算，因此需要平时从家庭开支中预留出一部分资金作为应急备用金，专门为老人看病或应付家庭临时开支储备。

孙女士的学历是研究生，找到的工作收入应至少在3000元左右。按照其家庭目前每月2500元的支出来说，这一收入水平至少可以满足一家人正常生活。因此，孙女士在两年之内还是应该尽快找一份工作。

此外，孙女士的家庭负债过多，且没有存款。其中5万元的债务可在半年内还清。这样，40多万元的房屋贷款是一个需要考虑的负债问题。

假设这笔贷款的金额为45万元，每月孙女士需要偿还3500多元；家庭每月日常生活支出为2500元；赡养4位老人，每人每月按500元计算，共需支出2000元；另外，商业保险费应占家庭收入的10%~20%，每月保险费支出3000元较为合适。

根据分析，专家建议：孙女士每月有5000元左右的收入节余，年节余6万元，其中1万元作为应急备用金存于银行，其他资金则可以投资收益较高的项目。

孙女士的先生想把家中所有资金都投入股票市场，这是极其危险的，俗话说"不能把鸡蛋放在一个篮子里"，一旦股票被套，家庭应付突发事件的能力将大大降低。建议多元投资，分散风险。

除此之外，孙女士的先生是家庭收入的唯一创造者，一旦发生意外，家庭将会陷入财务困难，因此要加大对他的投保力度，保额的确定可以以6个月的家庭生活开支数额为标准，主要投保意外伤害保险和大病医疗保险。

PART 03
40多岁，资产结构调整需重视

40多岁人的投资计划

如今房价高高在上，一些40多岁工作稳定的家庭暂时打消了购房的想法，转而想在火爆的资本市场中试一试身手，搏取一些投资收益。

李钠今年43岁，是一位个体经营户，年收入约30万元，"上有老下有小"，妻子38岁。每月全家支出约5000元，没有购买任何商业保险和人身保险。目前有存款40万元，20万元在股市，10万元买了基金。

针对类似情况，有以下理财建议：

1.投保宜选终身保障型

李钠和妻子都没有保障，建议他和妻子预留年收入的10%～20%资金作为家庭保障的支出，选择缴费10年，风险保额高，并有重大疾病且分红，既理财又兼顾保障的双重产品。

此年龄段的爸爸们，身处"上有老人要孝敬，下有子女要培养"的阶段，社会竞争压力加剧，平时体力透支巨大。可以考虑直接投保意外伤害保险。上了年纪容易因为摔倒等意外事件导致住院，含有骨折的意外保障是非常合适的一个产品。不少保险公司都有专门针对此推出的意外险种。

保险专家建议，这个年龄段的父亲保险需求除了意外、健康之外，还有理财的需求。投保健康险时，要考虑"有病治病，无病养老"的终身保障型险种，这类险种具有长期投资回报、可灵活支配的特点。

2.教育规划，合理投资

在家庭投资中，子女教育投资是不可或缺的投资，所选产品应具有收益可预见性、获利性和抗风险性等特点。建议选择交费3～5年、收益性高的分红产品，通过红利分配、复利获得较高的收益。

此外，投资基金可选择风险相对较小的配置型基金，如宝康消费品基金。养老金因期限较长，风险承受能力稍强，可在配置型基金之外搭配部分股票型基金。股票投资宜调减为10万元，作为有风险的收益增长点。与众多理财产品相比，信托是一项比较稳定、高效的理财方式，可以将15万元认购信托产品，期限2～3年的基本建设项目信托产品可作为赡养金投资，一般预计年收益5%。

40多岁人的最佳投资组合

40岁，是人生的黄金阶段。事业也好，家庭也好，都处于人生的巅峰状态。目前绝大部分的40岁的人，把自己的眼光更多地投向了高生活质量的追求，把更多的资金储备用于子女的未来教育。但会想到15年或是20年后，自己退休生活的人还比较少。

在经历了20～40岁这20年来的春耕夏种，已届不惑之年的人们，必须通过各种投资途径让自己的退休金增值，否则就可能来不及了。

在稳健理财的基础上，追求更高的资金使用效率也是相当重要的，这一任务不妨交给证券投资基金来完成。具体来看，作为养老金的投资工具，无论是投资风险还是投资期限，指数基金和平衡型基金都可以登上推荐榜的首位。

投资于股指类基金，不仅获取了投资一揽子蓝筹股的机会，而且减少了为选个股而伤脑筋的事情。

此外，还可以考虑的基金品种就是平衡型基金。这种基金，动态地配置于股市和债市之间，所以能更加充分地发挥股票和债券两方面的投资优势。进可攻，退可守，"睿智擒牛、从容斩熊"，在养老金的投资组合中，能起到提高长期投资收益的作用。

平衡子女教育金与养老金。实际上,只要注意积累,多数40岁的中年人都可以攒下相当可观的养老金。但是不少40岁的人却并没有这样做,主要的原因可能是积累养老金与筹划子女的教育经费发生了冲突。

"目前,还是把子女教育作为家庭财务的首要吧。人才竞争激烈的社会,子女没有点教育资本,怎么立足社会啊?养老的事情还远着呢,不如等子女念完书再想这个问题。"

这代表了很多40岁的人的观点。他们把自己的财务天平倾向了子女教育金的筹划上,自己的养老账户则成了一个留到以后再说的话题。

收入比较有限的40岁人的家庭,不妨扳回自己的财务天平,更多地倾向于自己的退休养老账户。而子女的高等教育费用甚至留学费用,不妨鼓励孩子通过银行助学贷款、打工等形式获得。还有,鼓励孩子去争取金额更高的国家奖学金、学校奖学金和企业赞助的奖学金、助学金。

除了通过投资让自己未来的退休金账户长大,40岁的人如果还没有充分的人身保障,那么此时也该赶快动起来了。

对于目前经济比较宽裕的40岁的人,可以做些"重大疾病保险+住院补贴型医疗保险+费用报销型医疗保险",以预防生病带来的损失;预算比较拮据的40岁的人,则可以省去医疗费用报销型保险,在保障大病医疗金的基础上节约一定的当前支出。无论选择哪些品种,40岁的人都要明白,过了50岁基本上就很难买到医疗类保险了,到时候买也不划算了,不如趁现在及早规划。

同时,人无法预知自己的生命到底有多长,因而难以清楚地把握该存多少钱才能够用,为了应对这种"活得太久"的风险,可以通过终身支付型的商业养老保险,养老金领取到身故为止。这样,如果你活得越久,领取的养老金就越多,从前缴纳的养老保险费就越划算。

相对个人通过储蓄和投资计划自备养老金,这类商业养老保险有一个很大的好处,就是它具有强制储蓄的功能。所以,这类保险也可以作为退休金配置计划中的一部分。

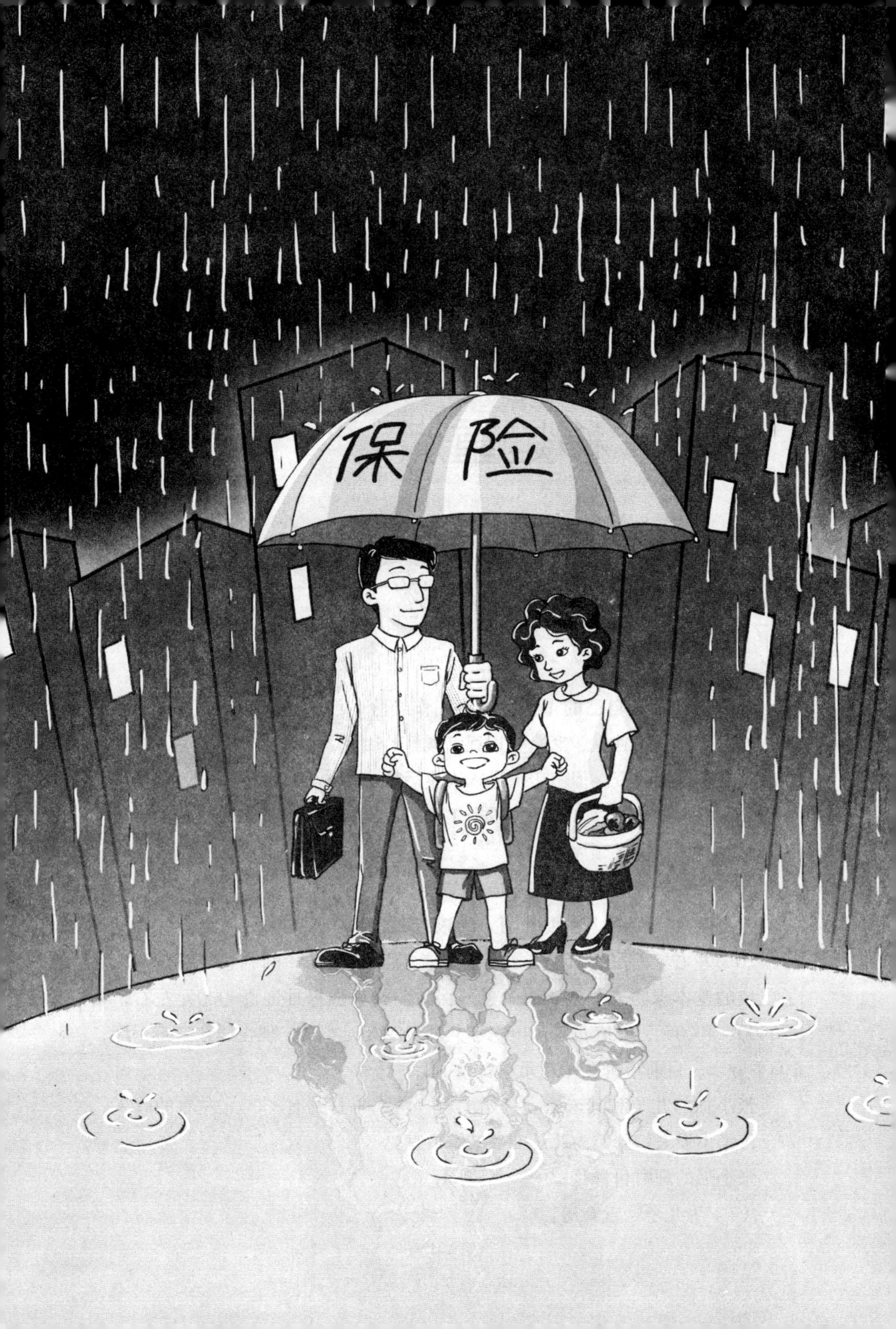
保险

PART 04

50多岁，投资方向转移是重点

50多岁，如何实现儿子结婚和自己养老的计划

50多岁，由于自己的工作能力、工作经验、经济状况都已达到了最佳状态，加上子女开始独立，家庭负担逐渐减轻，因此，最适合积累财富，理财重点应侧重于扩大投资。但由于已进入人生后期，万一风险投资失败，就会葬送一生积累的财富。所以，在选择投资工具时，不宜过多选择风险投资的方式。

此时的理财优先顺序：

节财计划→资产增值计划→应急基金→购置住房

张小强今年45岁，和妻子两人的银行存款共15万元，股市上有10万元，亏损20%左右。有50万元贷款给亲戚做生意，每年10%的利息收益。两人除了单位的基本保险外分别购买了意外保险。张小强每月工资6000元左右，妻子3500~4000元，家庭每月水电吃穿共消费2000元左右，现在居住三室一厅，108平方米，目前市价在70万元左右。

张小强的儿子和其未婚妻开始上班，两人每月共有5000元左右的收入，如今，张小强夫妇开始为儿子准备结婚事宜。

张小强的理财目标是：

（1）为儿子购置新房。

（2）准备儿子婚事所需的花费。

（3）做好老夫妻俩的退休规划准备。

家庭情况分析：

财务状况：月均收入9500~10000元

月均基本支出2000元

资产情况：有一套市价70万元左右的自住房

银行存款15万元

股市市值8万元

生意投资50万元，回报率10%

投资建议：

张小强的投资方式不是很多，而且其中借给亲戚做生意的资金占了50万元，比例较大，不利于分散投资风险。张小强夫妻俩的月均收入比较可观，基本支出只占收入的20%，但是夫妻俩目前处于一个很特殊的人生阶段——前空巢阶段，孩子即将成婚，有大笔的婚前支出预算。

目前社会上很多人谈"婚"色变，结婚的成本也随着房价和物价上升而不断提高。张小强一家为准备儿子的婚事承受了巨大的财务压力，买房和婚礼筹备的支出迫在眉睫。张小强的儿子和未婚妻也已经有了稳定的月收入，可以为父母减轻部分压力。所以张小强一家的理财规划重点应侧重在以下两点：儿子婚前包括购房规划、婚礼筹备的一系列财务规划，以及儿子婚后老夫妻俩自身的退休规划。

50多岁的"准退休族"如何谋划未来

古人云："五十知天命。"走过人生最高潮、最精彩的阶段，50岁过后的人们慢慢走向人生的收获期，期待着美丽的人生夕阳，他们的生活状态有一些共同特点：

1. 生活经历动荡盼安逸

目前50~60岁年龄段的人们，他们与时代"同呼吸、共命运"，经历过社会巨大的变迁。他们中绝大多数人都上山下乡插过队，返城后，有些人当上了工人，有些人成为恢复高考后的第一拨大学生，并留在高校成了高级知识分子，还有些人赶上"洋插队"从海外镀金回国做上了公司高管，另有大批人为了祖国经济建设的转轨转制而下岗失业。

他们的前半辈子，为祖国建设和改革牺牲小我，为子女成长委屈自己，唯独没有想过为自己的老年生活留下点什么。辛苦工作几十年，经历了丰富而动荡的人生，他们其实更需要较为安逸的晚年生活。可以说，他们是目前各类在职人群中最迫切需要通过各种途径做好养老规划的人群。但综合各方面状况来看，他们又都还没有什么成形的养老计划，他们对于退休养老的规划意识比20世纪60年代出生的人，甚至比70年代出生的人群都还要低得多。

2.生活状态趋稳筹养老

随着儿女们的逐渐成长、自立甚至组建起自己的小家庭，年过半百的人们处于从家庭稳定期逐步走向空巢期的阶段。在事业上，50岁上下的人们一般工作能力、工作经验、收入水平都已达到了高峰状态，退休之前的5~10年，无论是职位还是薪水，一般人已经不会再有大幅提高；家庭经济状况上，债务一般也已逐渐减轻甚至全部偿还，生活开销基本不愁。

在这种较为稳定的生活状态下，50岁人的养老规划可以遵循"查清现有基础，规划将来状态，调整现有方式，积极增加储备"的步骤来进行。当然，由于现有基础不同，对将来生活的目标追求不同，高中低不同收入档次的"准退休族"在理财上也要有所侧重。

3.高收入阶层重在资产增值

对于基础较好、收入较高的50岁人群而言，为了不至于"坐吃山空"，可以从现有积蓄中腾出一部分资金进行"大钱生小钱"的增值活动。由于靠工作来累积财富的过程即将结束，因此50岁左右的高收入人群可以扩大投资，依靠投资性行为来增加自己未来的非劳动性收入。但又因他们已进入人生后期，风险承受能力低，所以应多选择风险小、收益稳定的投资品种，少进行风险大的项目。

对于高收入、高储备，以及一些中等状态的50岁人群而言，其投资项目应该以国债和货币市场基金为主，尽管这些产品的收益可能仍旧无法完全抵御通货膨胀，但其收益稳定、风险较小、利于变现的特点比较适合老年人。尤其是货币市场基金,这个作为储蓄替代产品的投资项目其收益率通常高于银行存款利率,而且可以随时取现,是保守投资的首选工具。

4.中低收入群切忌高风险投资

对于中低收入的准退休家庭而言,切忌进行股票、外汇等风险性较高的投资行为。在证券营业部或者银行的外汇交易大厅里,熙熙攘攘的常是退休工人的身影。不少人在50岁左右就办理了内退或各种形式的退休,生活重心一下子没了着落,于是很多人选择了股票或外汇投资作为自己业余生活的主要寄托,同时希望从中多多筹备一些养老费用,用上海话说就是"赚点小菜钱"。但实际情形是,过去几年股市低迷,导致许多老人非但没有"赚到小菜钱",反而把自己的养老金深"套"其中。而汇市的高风险性,以及对于专业知识的高要求性,也常常让老人成为为别人"抬轿子"的典型。

本来养老储备就不充足,实在不宜将这些辛苦积攒的钱都拿去炒股。对于中等基础的人群而言,目前拥有一套便于出租和变现的小户型房产还算是一个比较好的养老储备渠道。

而对于收入更低的人群而言,手中的存款数额可能连房产投资的首付款都还不够,但也不能让这些存款在银行账户里干等,可以转为比较稳妥的货币市场基金或时下新开发的"人民币理财产品",让资产保守增值。

PART 05
60多岁，养老投资两不误

银发族的两大麻烦

人们可能要问，未来一个人要准备多少钱才够养老？一般说来，养老的费用主要由两部分组成，一是日常开支，二是医疗费支出。究竟准备多少钱才够养老呢？国际上常用的计算方法是：通过目前年龄、估计退休年龄、退休后再生活年数、现在每月基本消费、每年物价上涨率、年利率等因素来计算。

需要准备的养老金=退休后每月基本消费×估计退休后生活年数×12，其中，退休后每月基本消费=现在每月消费×（1＋每年物价上涨率）的N次方。（N=估计退休年龄－现在年龄）

举例说，如果你现在的年龄是25岁，估计退休年龄55岁，估计退休后再生活年数25年，现在距离退休还有30年。假设你现在每月基本消费1000元，每年物价上涨率5%，年利率3%。退休后的每月基本消费（保持相当于现在1000元的消费水准）为：1000×4.322＝4322元，退休后再生活25年所需养老金总额为：4322×12×25＝1296600元。（备注：4.322是根据30年来累计物价上涨率计算得出，1.05的25次方就是4.322。）

你可以参照上述公式，根据自己的年龄和消费情况，计算出你可能需要的退休金，然后把退休时可拿到的社保金算出来，这两者之间的差额，就是自己要准备的退休金。由于医疗费用的不可预知，上述公式只是一个普通生活状态下的基本生活费用估算，如果要考虑重疾风险，则需再增加一些高消费支出（如旅游、出国、社交费用等），因此所需养老金需要再增加不少才行。

社会保险给我们提供了最基本的养老金，但中国实行的是"保而不包"的政策。要想退休后能尽享天年，年轻时就必须重点规划好未来的养老金并存妥养老费用。这样等你到年老时不会让你的生活过得没有意义和色彩。

在养老压力中，通货膨胀对养老金的侵蚀作用也是不可不考虑的。有关发展报告预测，2006~2015年中国每年将至少保持3%~4%的通胀率。因此，中青年人的养老理财，应注重通过各种投资途径让自己和家庭的资产保值增值，以便抵抗通货膨胀带来的危害。

中青年人在准备养老金方面，有两件工作要做：一是手头的资金如何投资，二是每月的结余如何利用。如果能将这两部分资金用好，积累足够的养老金并不是一件难事。

43岁的孙先生和同龄的王太太收入丰厚，年薪加起来26万余元，年终还有总共50万元的奖金。女儿今年念初中，准备6年后出国深造。家庭每月开支在8300元左右，夫妻俩分别投有寿险和意外险，女儿也投了一份综合险，加上家庭财产险等，每年的保费总支出为3万元。除去其他各种不确定费用3万元左右，每年能有约44万元的现金流入。

孙先生家有一套现值为150万元的房产，用于自己居住。夫妻俩没有炒过股，也没有买过基金或债券，余钱基本上都存进了银行，现有活期存款5万元，定期存款40万元。夫妻俩对养老生活要求较高，希望至少不低于现在的生活质量，并且由于两人身体都不好，他们希望10年后能够提前退休。

一个人到40岁时，家庭一般处于成长期，工作和生活已经步入正轨。对于此前已经通过投资积累了相当财富、净资产比较丰厚的家庭来说，不断增长的子女培养费用不会成为生活的负担，一般性的家庭开支和风险也完全有能力应付。因此可以抽出较多的余钱来发展大的投资事业，因此，这部分人应该是投资的积极分子，努力通过多种投资组合使现有资产尽可能地增值，以不断充实自己的养老金账户。但是养老规划总的来说应该以稳健为主，稳步前进。以孙先生家为例，针对这一年龄阶段的特点，专家指出，应该分三步制定未来的养老计划。

1.估算需要储备的养老金

日常开支：孙先生家庭目前每月的基本生活开支为8300元。假定通胀率保持年均3%的增长幅度，按年金终值计算法，退休后孙先生家庭要保持现在的购买力不降低的话，老两口总共需要支付167万元的费用。

医疗开支：由于孙先生夫妇两人身体都不好，又没有购买任何商业保险，因此医疗方面的开支将是老两口最重要的一项开支。假定两人退休后平均每人每年生病4次，每次平均花费3000元，那么27年看病的总花销就是64.8万元。身体不佳，每月的护理更是少不了的，假定每人每月护理费为1000元，那么27年总共需要的护理费是64.8万元。如此一来，孙先生夫妇的养老金中仅医疗需求就达到了130万元。

旅游开支：假如平均一年旅游2次，每次平均花销1.5万元，总共需要的旅游费用为81万元。

因此，孙先生家庭需要的养老费用大约是378万元。

2.估算未来能积累的养老金

我们来看看，孙先生和王太太从现在到80岁总共能拥有的资金用作养老资产：

孙先生夫妇的收入来源比较简单，主要来源于以下两个方面：

工资收入：孙先生和王太太目前离退休还有10年，10年中能积累的工资收入为22000元×12月×10年，即264万元，加上10年的年终奖金50万元×10年，即500万，总共是764万元。

存款收入：假定年平均利率为3%，按照复利计算，孙先生的定活期存款45万元存37年后本息总计为134万元。

孙先生夫妇的收入虽然比较高，但是，支出也较大，还有女儿留学等大笔资金需要支付，因此，我们假定上述943万元的总收入当中有30%可以留存下来用做养老，那么，夫妇两人能够为自己积累的养老金也就283万元。

另外，孙先生夫妇目前住的房子虽然市值高达150万元，但因为该套房仅用做自住，并非是投资性房产，所以，不计入养老费中。

3.估算养老金的缺口

孙先生夫妇需要储备的养老金减去能够积累的养老金，得出的结果相差95万元。

所谓"量入为出"，有什么样的收入水平就有什么样的支出水平。从上述的案例中可以看出：孙先生一家虽然资产雄厚，但要高质量养老，仍有不小的资金缺口。这就提醒我们，无论你目前的家庭财务状况多么好，花钱不愁，但如果不能做一些提前规划的话，仍有可能达不到真正的"财务自由"的境界。

老于是一家公司中层管理人员，他的太太是一家国企的营销人员，两人均面临退休和内退问题，虽然我们知道退休后的养老保险金可能每人每月只有一两千元，但由于家底殷实，他从未担忧过自己的退休生活，目前他的月工资及奖金收入为13000元，年末有3万元分红，妻子月收入4000元；20岁的女儿在上大二，3万元的年末分红恰好足够支付她一年的教育费用。除去家庭月支出8000元和保费月支出1000元，每月可有8000元的节余。

他现住房价值55万元，按揭已还清，目前手中持有市值30万元的股票和50万元的人民币定期存款。为了两年后女儿出国留学，他还准备了3万欧元（折合人民币29万元）。于先生这样做是对养老金进行规划，存妥养老费用。等到于先生年老时，他和他太太生活会比一般人生活得幸福些，肯定会有一个高兴的夕阳红。

亲手进行退休投资，架起安全防护网

老年人经过了一生积累，到退休时，一般都有些积蓄。但面对市场经济的变化、通货膨胀和各项支出的不断增加，退休家庭若希望生活更宽裕，就要学会进行投资规划。

年轻人投资理财可以经受大起大落、承受大风大浪，但老年人经不住那些折腾。老年人理财，很重要的一点就是安全。别看"财"不大，却是他们一生的心血。既要让这点小财生财，又不能冒太大的风险。因此，老年人投资应以"稳"为主。购买理财产品时，最好选择那些有保本特色的产品。但是当前适合老年人可以选择的理财方式有多少？老年人理财的市场环境又怎样？老年人应怎样配置自己的资产？

刘大爷是一名退休职工，有70岁了，和老伴月收入共3000元。自2000年退休后，老两口省吃俭用有了15万元积蓄，他们用其中的50%买了国债和定期储蓄，另外50%从2007年开始投资股票基金。可是，2008年股票基金不断下跌，刘大爷心想总有一天会涨上来，谁知越套越紧。后来，他听朋友说，老年人最好买债券基金和货币市场基金，其风险小，收益比银行定期利息高，而且不扣利息税。刘大爷听后忍痛赎回股票基金，改买债券基金和货币基金。投资股票基金共亏损了5000多元，这让刘大爷心疼不已。

理财专家认为，50%投资于股票或者股票基金对老年人来说比例过高，即使股市有反弹也不合适，转投债券基金和货币基金的方向是正确的，另外理财专家建议刘大爷可以将每月收入分为4块：

一是月收入的40%，即1200元，以现金方式作为生活费开支；

二是月收入的20%，作为医疗费及日常活动费用，较理想的是以"钱生钱"的方式储备，灵活两用；

三是月收入的20%，即600元的资金用来开立专门投资账户，投资渠道可选择国债、债券型开放式基金等风险低、稳定性强的理想投资方式；

四是对于月收入剩余的20%（即600元）储蓄，用于应付自己的临时状况，也能在关键时刻起到帮扶晚辈的作用。

对于老年人来说，根据他们的风险承受能力、年龄等，他们的资金配置方案可选择如下：

（1）激进型：投资股市占总金融资产约30%，投资债券、基金（可以考虑偏股型基金）占20%，投资保险占20%，储蓄占30%。此方案适于65岁以内，身体健康（尤其是无心脏病和高血压）、心态平衡的老年人。

（2）均衡型：投资股市约20%，投资债券、基金占30%，投资保险占20%，储蓄占30%。此方案适于70岁以内，身体条件允许、心理素质较好的老年人。

（3）保守型：投资债券、基金（只考虑债券型或者货币型基金）占25%，投资保险占25%，储蓄占50%，不入股市。此方案适于大部分老年人。

一般来说，老年人可遵循以下的投资规则：

（1）为了安度晚年，就要避免冒险的投资行为，拟订安全的理财计划。

（2）拿积蓄的50%作为"养老备用金"，在急需时有钱应急。

（3）积蓄在3万元以下的，最好不要去投资赚钱。

（4）如果积蓄较多，可以考虑投资门面房等不动产，稳稳当当地收租金过安乐日子。

（5）剩下的50%积蓄应该多买债券，少买股票，慎买基金。要尽量买债券，不做股票之类的高风险投资，对基金购买也要清楚其"来龙去脉"。

此外，老人除日常消费外，医疗保健是最大的支出。调查显示，看病吃药约占这笔费用的80.9%，他们很需要一种保险产品来保障他们的晚年生活。保险就成为老人晚年的重要保障。

为养老做准备，有多种方式可供选择，但养老计划最基本的要求是追求本金安全、适度收益、有一定强制性原则，需要将养老计划与其他投资分开，商业养老保险作为养老保障体系的重要补充，是养老规划的一个不错选择。

5000 尺

第三篇

投资品种"迷人眼"：理性投资是关键

PART 01

投资心态：投资，先过心理关

入市前，先做好心理准备

各种投资中，了解心理基础是为了更好地认识自我，战胜自我，这是投资成功必须经过的一道门槛。尽管不同的人有着不同的风险偏好，但作为一个整体，人类的风险偏好具有某些共性，导致某些共有的行为特征和决策偏差。

有关实验揭示了人们风险偏好的规律，人们在做出选择时并非是理性的。在盈利和亏损的不同情况下，人们同样有着不同的风险偏好：当股票价格高于买入价（即主观上处于盈利）时，投资者是风险厌恶者，希望卖掉锁定收益；而当股票价格低于买入价（即主观上处于亏损）时，投资者就会转变为风险喜好者，不愿意认识到自己的亏损，进而拒绝卖掉实现亏损。在投资组合中，也存在着较早卖出盈利股票，而将亏损股票保留的现象。回避现实损失，这就是所谓的"处置效应"，机构投资者也不例外。

"处置效应"违背了股市中"顺势而为"的原则，是投资的大敌，针对处置效应的唯一有力武器就是：斩断亏损，留下利润奔跑！"斩断亏损"就是及时止损，学会止损是投资者必修的一课，应该从以下几个方面来做好心理准备：

第一，自负盈亏的心态。

投资者的心理素质，是愿赌服输、自我担当的心态。也就是说，如果听取朋友意见，购买了某只股票，那么即使之后出现状况，也绝不会跑去埋怨别人，而是自己对自己的行为负责。只有担当得起自己投资行为的负责人，才有心理能量去玩投资游戏。

第二，建立高度安全感的"心情免疫投资模式"。

据研究发现，投资本金的20%，是一个人心理能承受的损失极限。也就是说，如果你投资1万元，心理停损点就定在2000元，赚了2000元就出手，赔了2000元就清仓。当然，也有人用10%定损，这取决于投资者的心理承受能力。

一旦建立起这个模式，投资操作就变成了理性的、基于数据的行为，而不是凭感觉的情绪性行为。即使发生天大的事情，也还有80%的资本在那儿，风险指数就大大降低了。

第三，自律和果决。

建立起心情免疫的投资模式后，就借助电脑工具，买进卖出都按照预设的心理线位。不要犹豫不决，心存侥幸，在涨时想多赚一点，跌时期盼回升少亏一点。你不是基金经理人，没有丰富的信息源，博弈也极小可能赛过机构，所以应遵守和自己约定的游戏规则，赚少量但安全的钱。根据理财心理学研究，自律性越高的人，越容易从投资中获利。

此外，"投机"需具5字心理要诀：

1.稳

在涉足股票市场中，以小钱作学费，细心学习了解各个环节的细枝末节，看盘模拟作单，有几分力量作几分投资，宁下小口数，不可满口，超出自己的能力。要知道，证券投资具有较高的风险，再加上资金不足的压力，患得患失之时，自然不可能发挥高度的智慧，取胜的把握也就比较小。所谓稳，当然不是随便跟风潮入市，要胸有成竹，对大的趋势做认真的分析，要有自己的思维方式，而非随波逐流。所谓稳，还要将自己的估计，时时刻刻地结合市场的走势不断修正，并以此取胜。换言之，投机者需要灵活的思维与客观的形势分析相结合，只有这样，才能够使自己立于不败之地。

2.忍

股票市场的行情升降、涨落并不是一朝一夕就能形成，而是慢慢形成的。多头市场的形成是这样，空头市场的形成也是这样。因此，未形成之前决不动心，免得杀进杀出造成冲动性的投资，要学会一个"忍"字。小不忍则乱大谋，忍一步，海阔天空。

3.准

所谓准，就是要当机立断，坚决果断。如果像小脚女人走路，走一步摇三下，再喘口气，是办不了大事的。如果遇事想一想，思考思考，把时间拖得太久，那也是很难谈得上"准"字的。当然，我们所说的准不是完全绝对的准确，世界上也没有十分把握的事。如果大势一路看好，就不要逆着大势做空，同时，看准了行情，心目中的价位到了就进场做多；否则，犹豫太久失去了比较好的机会，那就只能望板兴叹了。

4.狠

所谓狠，有两方面的含义。一方面，当方向错误时，要有壮士断腕的勇气认赔出场。另一方面，当方向对时，可考虑适量加码，乘胜追击。股价上升初期，如果你已经饱赚了一笔，不妨再将股票多抱持一会儿，不可轻易获利了结，可再狠狠地赚一笔。例如，在台湾，1977年初买股票，到7月时已赚进30%，如果你这时出货，那么，两个月后当它涨幅超过百分之百时，你就会捶胸顿足，后悔不已！

5.滚

跑在股票市场投资中，赚八分饱就走，股价反转而下可采用滤嘴原理即时撤兵，股价下跌初期，不可留恋，要壮士断腕，狠心了结。

当空头市场来临，在股票筹码的持有上应尽可能减少，此时最好远离股市，待多头市场来临时，再适时进入。

上面所谈的稳、忍、准、狠、滚5字心理要诀，在整体策略使用上，准还是其次，稳才是最重要的。因为在任何一种技艺中，准需要靠天赋，稳则靠策略及资金，进而可通过管理的手段来达到。所以，一般人应该建立在稳扎稳打的基础上，才能平步青云，一飞冲天。

自制力对投资很重要

自制力是听起来很简单，但做起来很困难的事情。投资是极其枯燥无味的工作，有的人也许会把投资当成一件极其刺激好玩的事，那是因为他把投资当成消遣，没有将它当成严肃的工作。如同围棋一样，围棋爱好者觉得围棋很好玩，但问问那些以下棋为生的人，他们一定会告诉你，整日盯谱多么枯燥单调，其中的道理是一样的。每天收集资料，判断行情，将其和自己的经验参照，定好投资计划，偶尔做做或许是兴奋有趣的事，但长年累月地重复同样的工作就是"苦工"。如果不把"苦工"当成习惯，无论是谁，成功的希望都不会太大。

投资必须要有自制力。我们没有必要比别人更聪明，但我们必须比别人更有自制力，必须能控制自己，不要让情感左右理智。

对个人而言，投资是一种自由度很大的投资行为，没有人监督、管理和限制你的操作，很多投资行为都是靠自己的决策来实施。

自制力可以帮助投资者排除干扰，坚定地执行合理的投资原则和操作计划，并顺利实现赢利。巴菲特认为，在投资中要清楚自己的行动范围，这样才能尽量避免犯重大的错误。

不同的人理解不同的行业，最重要的事情是知道你自己理解哪些公司的业务，以及什么时候是你正好在自己的能力圈内进行投资。清楚地知道自己的能力圈边界，并且以很强的自制力限制自己的行为，任何时候都清楚地知道自己该干什么和不该干什么，是投资成功的最关键因素。

看过狮子是怎样捕猎的吗？它耐心地等待猎物，只有在时机适合的时候，它才从草丛中跳出来。成功的投资者具有同样的特点，例如，他绝不会为炒股而炒股，他等待合适的时机，然后采取行动。

等待时机也如种植花草。无论你多么喜欢花，也不能在冬天把种子播入土中。你不能太早，也不能太迟，在正确的时间和环境做正确的事才有可能得到预想的效果。不幸的是，对业余投资者而言，他们不是没有耐心，也不是不知道危险，他们也知道春天是播种的时机，但问题是，他们没有足够的知识和经验去判定何时是春天。

所有这些都需要漫长且艰难的学习过程，除了熬之外，没有其他的办法。当投资者经历了足够的升和跌，投资者的资金随升跌起伏，投资者的希望和恐惧随升跌而摆动，逐渐地，投资者的灵感就培养起来了。

PART 02
与最适合你的投资工具"谈恋爱"

看对眼，适不适合很重要

家住杨家坪的黄阿姨一早就打开了家里的电视机，将节目调到财经频道的股市评论，津津有味地听上半天。然而听是仔细听了，黄阿姨却一直不肯付诸行动，自从去年12月她将股市内的资金退出后，就再也不想尝试股票了。

黄阿姨家有房有车，收入稳定，儿子也已工作，简单的日常储蓄已经不能让黄阿姨满足，但是尝试过多种投资方式后，黄阿姨却依然不知道该如何投资，银行储蓄依然是她最重要的投资理财方式。

试水基金遇到大跌

黄阿姨家如同万千普通家庭一样，有一些投资欲望，却不知道该怎样投资。在她人生的50多年中，银行是她打交道最多的金融机构了。一家人靠工资收入供养了房贷车贷，还能存下一笔银行存款，黄阿姨和先生一直很满意这样的生活。

随着儿子大学毕业开始工作，黄阿姨却开始不满足现状了。"总听人说投资投资，钱生钱才是最好的方式，还说什么放银行跑不赢CPI，脑子里听多了这些观点，心就开始活了起来。"

2007年7月，在听周围的朋友如疯了一般谈论了半年多的投资经后，黄阿姨思前想后，保守地选择了基金，投入了3万元。"买基金的时候，听人说基金就不能像股票一样盯着,放那里就好。"黄阿姨坚定不移地执行了这条别人的经验,即使看到买到手的基金获得了超过预期的收益也没有妄动。然而随着之后股市的大跌,黄阿姨的基金也遭遇了灭顶之灾,亏损超过了30%,有一只甚至达到了50%。黄阿姨再也坐不住了,将手中的基金全部赎回了,从此基金投资被她丢到了脑后。

买股票累心干脆放弃

去年3月,沉寂了一年后,黄阿姨禁不住朋友的劝说,开始投入了2万元资金炒股,在整体行情大好的情况下,黄阿姨很快就赚了5000元,这让她欣喜不已。然而没有任何投资经历的黄阿姨对于股票完全是门外汉,只能听从朋友的意见,每天盯着同样的东西也让她头疼不已。就在她决定休息一周不紧盯股市时,大盘又出现了一次大跌,由于没有及时逃出,黄阿姨赚的5000元全部吐了出去,还牵连到自己的本钱。

这样的大起大落让黄阿姨觉得十分累心,又坚持了几个月后,黄阿姨将所有的资金从股市内撤出,决定短期内不再尝试这一投资方式。

一定要选择适合的投资方式

尽管基金、股票都让黄阿姨吃了些亏,但是黄阿姨并没有放弃投资赚钱的念头。"总听人说投资理财的方式有很多种,但是为什么我听到的无外乎是股票、基金,有没有适合我们中年人的投资方式?"黄阿姨不止一次地提到这个问题。

像黄阿姨这样有投资欲望,却找不到投资渠道的人不在少数。一提到投资,他们心中只会想到股票、基金,却又不愿意承受这样的高风险。风险系数、分红信息和总回报率仍是超过一半投资者在投资基金时考虑的因素。而很多人对于基金投资渠道了解程度不高，对于风险、分红和回报率的不确定可能是导致基金投资相对不高的原因之一。

理财建议：其实根据黄阿姨的情况，建议选择定期定额，这种方式类似于银行储蓄"零存整取"的方式。所谓"定期定额"就是每隔一段固定时间（例如每月25日）以固定的金额（例如500元）投资于基金。

原因是：一般来说，以下几类人群，特别适合定期定额基金投资：一是比较忙，没有时间搭理股票的人；二是专业知识不足，需要专业人士管理资产的人；三是风险承受能力较弱，需要化解风险的人；四是不追求暴富，希望实现资产长期稳定增值的人。

从上面的例子可以看出，看对眼，适不适合才是最重要的，而只有结合经济的走势，也结合自己家庭的收入特点、自己的时间、经验等等方面综合考虑，选择适合自己的理财方式，不能看到别人在某方面赚钱了，不加分析，盲目跟风。当然，跟风有时也会跟对，但从风险角度来说，盲目跟风的风险会比较大。尽量选择适合自己的理财方式，适合自己的理财方式就是最好的理财方式。

不妨掌握投资的9个法则

其实，理财界也有"适者生存，优胜劣汰"的金融达尔文哲学，市场不可能容许屡赔不赚的投资工具生存下去。也就是说，不同工具的游戏规则虽然不同，投资任何工具都有风险，但只要掌握大原则，谨慎操作，仍有获利的可能。下面介绍一些投资法则：

1.多头空头都能赚到钱，小心贪心让你破财

一旦你的投资标的达到自己设定的目标价，就应该停利卖掉，尽快落袋为安，否则妄想获得超额利润，让贪婪击垮理性，就很难保证下次你会不会这么幸运了。

2.精算净值、看准时机、分批进场

如果你想要购买某档投资标的，不妨慢慢将资金分批进场，不要一次就全部买进。如果市价跌破净值就多买一点，反之，就少买一点，这样一来，平均持股价格降低了，最终你拥有的会更多。

3.买跌不买涨

有很多很棒的投资标的，其价值会被不公平地低估，通常都是因为市场对于若干坏消息反应过度。多做功课，留意有哪些投资标的是暂时性下跌，在"涨"声响起之前买进。不要浪费时间推测体质不健全的投资标的翻身的可能性，应该寻找价值被不合理低估的好对象。

4.分散投资是千古不变的定律

如果你只投资单一股票或某个产业，一旦发生风险，你就可能赔得一塌糊涂。因此，唯一能够让你保持获利，并且不会危及老本的方法就是"分散投资"到数个优质标的上面，避免孤注一掷。

5.持股数量不要超过能追踪的范围

上市的股票共有2000档左右，你每天能够拨出多少时间关心其中一档的营运状况与市场行情呢？你固然需要拥有多只股票来分散投资风险，但也不能多到无法掌握的地步，理想的持股数量应该介于3~5只股票之间，千万不要超过自己能追踪的范围。

6.买进后继续研究

投资人每周都应花上一定的时间和精力，阅读研究报告、分析产业的重要指标等，定期检视、研究手上的投资标的是否值得继续持有。

7.投资绩优股，永远都值得

普通的投资人总是想买到便宜又大方的货色，但是实际的获利率却不见起色，反观专业的投资人，他们大多愿意多花一点钱买优质股票。多存点钱让你的选择变多一点，学学专业经理人投资市场上知名龙头股的策略，即使要花比较多的钱，但毕竟股票买了还可以卖，跌太多或涨不动，可是会让你亏本的。

8.基本面比消息面更实际

消息面往往会制造利多假象，引诱你掉入陷阱，当你听到某家公司很快就会被并购，你会因为想抓住接下来的行情，而奋不顾身地购买该公司的股票吗？最好不要这样。如果要买，就要买进那些经过基本分析之后，发现价格被低估，但前景很好的公司。

9.握有现金退场观望，等待出击时机

你不必随时都把所有的钱投入市场。许多时候市场就是停滞不动，没什

么好操作的。股市下跌时,现金可能是非常好的投资。如果你能够在市场突然向上反转时卖掉股票,抱着现金坐在场边观望,直到你中意的股票跌到谷底再买进,这就是最高明的操作。

八字不合,懂得放弃

懂得放弃,是一种比不懈追求更高的境界,因为在合适的时候放弃,是让你有能力把握更大机会的开始。

前几天王靖和一位朋友李先生吃饭,聊起李先生最近的股票投资情况,李先生说:"5000多点就开始不大参与了,5500点以上几乎就是空仓。"

"那你看到大盘天天走强,不觉得难受吗?"王靖这样问李先生。

"不会啊,估值有点偏高,上面空间不大,放弃了就放弃了,不觉得可惜。你看现在,跌到5100点附近,虽然指数和开始退出来的时候差不多,但是卖掉的个股都已经比当时的卖出价低一些,现在才开始慢慢买入一些看好的个股。"李先生这样回答。

是啊,放弃了上面500~600点的空间,换回的是完全的主动权——可以在较低的位置买入自己看好的品种。而有一些朋友则不同,觉得偏高退出了,但是天天上涨挠得心里痒痒的,结果按捺不住冲将进去,赚了指数没赚钱,现在是深度套牢,动弹不得。

案例分析:这两种鲜明的对比,其实在股票市场不断重演着,可是有很多朋友依然没有学会在高风险区域放弃一些其实已经不大的机会,结果不但蒙受了较大的损失,而且丧失了根据市场变化重新布局、把握下一波更大机遇的机会,更重要的是减少了把握日后机会的实力。要学会放弃,寻找新的投资机会。

其实,放弃的哲学还体现在其他的投资上,一窍不通的品种应该学会放弃。国内可以投资的品种在这几年越来越多,比如,最近的黄金投资非常热门,各种放大的黄金交易开始盛行,但是投资者如果不懂黄金交易的机制,不了解影响国内国际金价的诸多因素就进入这个市场,那无疑如同幼儿园小朋友和大学生、博士生同台竞技,结果可想而知。因此,如果你不能去深入学习、了解一种投资方式,那么这种投资只能选择放弃。

美国超级基金经理彼得·林奇一直认为,哲学、历史学得好的人,比学统计学的人更适合做投资。他为什么会这么认为呢?因为哲学是世界观,是方法论,哲学是人类了解世界的一种特殊方式,是使人崇高起来的一门学问。学好哲学,等于接受了人类大智慧的熏陶,增加了人的思想底蕴和内涵,这将在根本上有益于投资。懂得放弃与懂得坚定的投资同等重要。取与舍,坚持与放弃同样重要。八字不合,趁早分手,如同恋爱,这一点在投资中我们一定要熟记。

从某种意义上说,"投资不仅仅是一种行为,更是一种带有思想意味的东西"。成功的投资者固然离不开统计学和各种经济金融的统计数据,但更重要的是,投资者要能做到不仅仅拘泥于统计数据,应学会从更高的哲学层面来把握投资的风云变幻。这就要求投资者拥有更开阔的胸襟、视野和古今通达的哲学与历史智慧。彼得·林奇能长期战胜华尔街成为投资领域的佼佼者,跟他浓郁的哲学与历史学素养是密不可分的,而勇于放弃在他的投资史中更是起着功不可没的作用。

让我们再回到之前说过的那句话:"工具无所谓哪个好哪个不好,重点是哪一个最适合你!"就好像世界上的美女帅哥那么多,不是选择长得好看的就会幸福,是否门当户对,互相看得顺眼,相处愉快才重要。

PART 03
拒绝非理性投资：把风险和陷阱扼杀在摇篮中

投资的关键是要保住本金

通过炒股累积了不菲身价的沃伦·巴菲特，在谈到自己的成功秘诀时说："投资原则一，绝对不能把本钱丢了；投资原则二，一定要坚守投资原则一。"

韩国人徐永安是某消费信贷公司的总裁，掌管着数百亿资产的流动。消费信贷事业听起来有点玄，说白了就是"放高利贷的"。当然，利率没有高得离谱。徐永安从小就显示出了与众不同的运动员潜质，也迷恋花花绿绿的杂志，不过提起读书，他顿时没了兴趣。

他说："我真的对读书不感兴趣，当时父亲还经营着一家园林公司。他也知道以我的成绩想进大学算是没指望了，于是就给某私立大学'栽树'，让我进了那家私立大学体育系读书，说白了就是花钱'走后门'让我进了大学。但是，在进大学校门的前一天，父亲的话也给了我当头一棒，他说到大学毕业之前我要把他'走后门'用的钱全部还给他。"

徐父这样做的目的就是激发儿子去学习谋生的手段，既然儿子不能靠读书挣碗饭吃，那就只能另辟蹊径，父亲这样做也是为了儿子的未来着想。事实证明，徐先生的成功在很大程度上得益于父亲的严格教导。

徐先生说："没办法，我只有边读书边挣钱才行。正当我寻思赚钱的路

第三篇 投资品种"迷人眼"：理性投资是关键 | 053

子时，刚好有朋友出了急事，请求我借钱给他，于是我将攒到高中时的所有钱都借给了他，并要他以后连本带利一起还。虽然朋友一个劲儿地说朋友之间还谈什么利息啊，但我历来信奉'亲兄弟，明算账'，就这样我获得了平生第一笔贷款利息。"

光凭交情就借钱给别人，有时候别说利息，就连本钱都会鸡飞蛋打。几次教训之后，徐先生再借钱给别人的时候，就要求他人留下抵押物品，那时候，大部分的"客户"都是他的同学，抵押物品都是些厚厚的专业书籍和教科书。他们实在还不上钱的时候，徐先生就将这些书卖到旧书店去，好歹能收回一些本钱。

"我在放贷、从中抽取利息的过程中，明白了一件重要的事情，那就是'如何保住本钱'比'如何收回利息'更重要，抵押物品不能成为我保住本钱的保证。"

徐先生正式进军消费信贷行业，是滞留日本的时候。走在日本街头，他想："总有一天，韩国公民对于消费信贷企业的否定性认识会有所改变，消费信贷产业一定会成为朝阳产业。"

徐先生于是下决心对消费信贷产业的发源地——日本的消费信贷产业进

行了一番翔实的探究，并决定在日本小试牛刀。

他首先将眼光瞄准了在日的韩国留学生，向他们提供小额贷款。积累了部分资金后，他开始在日本的韩国人聚居地做广告，逐步扩大自己的事业。目标群由最初的留学生转为在日本就业的韩国女性，抵押品是护照。他向用护照做抵押的留学生和来日工作的女性提供50万~100万韩元（约合5万~10万日元）的贷款。

他坚持只做小额信贷生意的理由，并不是因为没有能力提供大额贷款，而是他有因此连本钱都收不回来的经历。徐先生在日本"发财"回韩国之后，正式大规模进军韩国消费信贷行业。

徐先生说："公司越来越大，我不停地思索，创造出那些能很容易地回收本钱的消费信贷产品。"

徐先生的主力产品是无抵押、无保证、无"先利"（预先支付利息）的日利率为0.36%的小额个人消费信贷商品。小额信贷的好处之一是由于其金额小，在无抵押、无保证的情况下亦可贷出；其二，回收的可能性比大额信贷要高得多，相反，利息却比大额信贷要高，万一连本钱都收不回来，他只需稍稍提升一点利息，就能将损失转嫁到其他顾客身上。

"如何挣大钱？非常简单，亏本没亏到本钱的份儿上，这就是事业。倘若连本钱都保全不了，这样的事业能坚持多久呢？"

成功投资的基本原则有三：稳定性、回报率、周转率。这三者成功协调的程度决定了富人们赚钱的多少，最完美的效果就是三者步调一致。但从徐先生的案例来讲，他是最重视稳定性的典型代表。当然，要说最具稳定性的投资商品，非银行的固定利息产品莫属。

但相对而言，稳定性强的投资对象，其收益性要低一些。回报率就是你投入的本金为你带来的收益回报和资本扩张的额度。例如：最近韩国的股票市场比较活跃，因而在韩国，股票就是回报率最高的投资对象。但回报率高的商品，在投资的过程中伴随的风险也较高，稳定性也较差。周转率就是能在多长的时间里把投资的本钱收回来。将相同的2亿韩元分别投资到银行商品、股票以及房地产当中，周转率最高的投资对象就是银行商品；反之，房地产的周转率最低，因为房地产要还原成现金，需要一段时间。

那么一般来说，在这3大原则当中，富豪们最看重的是哪一个原则呢？

大部分五六十岁的传统富豪最看重的是稳定性,在投资时也首选能稳定赚钱的商品,但是富人不像普通人那样,为还清贷款而努力,而是努力用贷款来进行投资。借债必然伴随着风险,在此没有必要再强调。不过新生代富豪们并不是顶着风险去投资的,他们都是管理风险的高手。他们为了将投资风险降到最低,鲜有选择短期债投资,而是选择长期债投资;还有,之前也强调过,新生代富豪致富的第一步都是储蓄,这也是他们重视稳定性的理由。

韩国人公认的房地产投资高手慎永根先生强调:"未来能获益多少是做事业的关键,但比这更重要的是你能否在未来还能保住现在的本钱。"

慎先生再次强调,那些想一夜暴富而不安心稳定投资的人,最后连本钱都保不住,倾家荡产的人不计其数。

赚钱固然重要,但保住本钱更为重要。许多人都抱着赚大钱的梦想,但倘若不学习如何挣钱、管理钱和把钱守住的方法,这些梦想最终都是黄粱一梦。

徐先生有句名言:"以我经营消费信贷业务的经验,我发现了一条于子孙后代都有利的原则,那就是'能把钱守住就算是赚了钱'。"

评估自己的风险承受能力

布袋和尚有首禅理诗:"手把青秧插满田,低头望见水中天。六根清净方为道,退步原来是向前。"细品之下,其中蕴含的哲理跟现在热门的投资理财多有相通之处。

很多城里小孩都认为农民伯伯插秧就像走路一样,是向前一点一点插的,但这只是想当然的结果。如果你曾经观察过农夫在田中如何插秧苗,你就会发现农夫都是弓着身子,一步一步向后倒退着插的。看起来农夫的脚步是向后不断退让,实际上却是一步步前进,直到把秧苗插满了整个农田。以退为进,似退实进,事物的道理有时就是这么高妙。

投资理财也常需要我们抱着以退为进的想法,才能在风云多变的市场行情里立于不败之地。投资理财,如果能从一开始就抱有以退为进的想法,反倒更容易获取回报。

例如,当你准备投资基金时,不妨先假设买了基金之后,市场突然大跌,你惨遭套牢。然后，你再问自己："我会不会难过到吃不下饭、睡不着觉？我的工作、生活会不会因此受到很大影响？我可以忍受跌到什么程度？"如果答案是你根本无法承受下跌风险，那就表示你不适合投资基金，你就要有自知之明主动选择放弃。而如果答案是你可以忍受基金较大幅度的下跌，并且保证对你的工作生活没有什么不良影响，那么恭喜，你可以放心投资基金了。

能看到大幅后退的人，才更能以安然的心态，成功渡过市场的惊涛骇浪，迎来丽日蓝天的大步前进。

以退为进，退是为了更好地进。看似在考虑退路，实际上却是为了让你能最终稳健前进，避免因恐慌而杀跌出局。恐惧与贪婪是投资者的两大心魔，让自己预先充分设想恐惧，正是克服恐惧心理一个很好的方法。

以退为进，暂退一点又何妨？只要你在投资之前就已经做好了最坏的打算，无论发生多么猛烈的下跌你也照样吃得香、睡得香，那还有什么风险能阻挡得了你通过投资理财，赢取财富回报的前进步伐呢？

防范投资中的各种陷阱

现在，中国投资市场异常火热，在投资过程中，投资者还要防范下面的几种陷阱，以防被诈骗。

1.不要盲目跟随"炒股博客"炒股

股市火暴带动各种"炒股博客"如雨后春笋般涌现，投资者若盲目跟随"炒股博客"炒股，将可能面临财产损失求告无门的法律风险。同时，"炒股博客"可能成为"庄家"操纵市场的工具，股民若盲目将"炒股博客"上获取的所谓"专家意见"当成投资依据，只会大大增加投资风险，很有可能血本无归。

2.谨防委托民间私募基金炒股

从2006年下半年股市逐渐升温以后，新入市的投资者有相当一部分对股票、基金等一窍不通，这就让民间私募基金有机可乘，他们常常以咨询公司、顾问公司、投资公司、理财工作室甚至个人名义，提供委托理财服务。但事实上，民间私募基金本身并不是合法的金融机构，或不是完全合法的受托理财机构,其业务主体资格存在瑕疵。其次,民间私募基金与投资者之间签订的管理合同或其他类似投资的协议,往往存在保证本金安全、保证收益率等不受法律保护的条款。更有部分不良私募基金或基金经理存在暗箱操作、过度交易、对倒操作、老鼠仓等侵权、违约或者违背善良管理人义务的行为,上述做法都将严重侵害投资者的利益。

3.不要私自直接买卖港股

调查显示,内地居民私自直接买卖港股的方式有两种,一是利用"自由行"等机会到香港开立港股证券交易账户,投资港股;二是由证券公司协助开立港股证券交易账户进行投资。根据我国有关法律规定,除商业银行和基金管理公司发行的QDII(合格的境内机构投资者)产品以及经过国家外汇管理局批准的特殊情况外,无论是个人投资者还是机构投资者都不允许私自直接买卖港股。内地居民通过境内券商和其他非法经营机构或境外证券机构的境内代表处开立境外证券账户和证券交易都属于非法行为,不受法律保护。如果私自买卖港股,投资者的风险无形之中就将大大提升。

4.谨防非法证券投资咨询机构诈骗

有些非法证券投资咨询机构利用股市火暴,趁机对投资者实施诈骗活动。例如,深圳有关执法机构就曾联合查处了罗湖和福田两区8家非法证券投资咨询公司的非法经营行为。这些公司通过电话、电视和网络等方式大肆向全国各地做广告,宣称推出了新的理财方式,会员无须缴纳会员费,只要将自己的资金账户、证券账户及交易密码告知公司的业务员,公司就可代会员进行股票买卖,联合坐庄,保证每年100%或者更高的收益,赢利后按约定的比例收取咨询费用。但实际情况却是,这种公司取得投资者的资金账户、证券账户和密码后,会以对坐庄个股保密为由,立即修改密码,然后将账户中的股票全部卖出或将资金全部转走。

总而言之,投资是自己的事,用的也是自己的钱,投资人在投资过程中务必谨小慎微,否则一个不小心,就可能给自己带来巨大的资金风险。

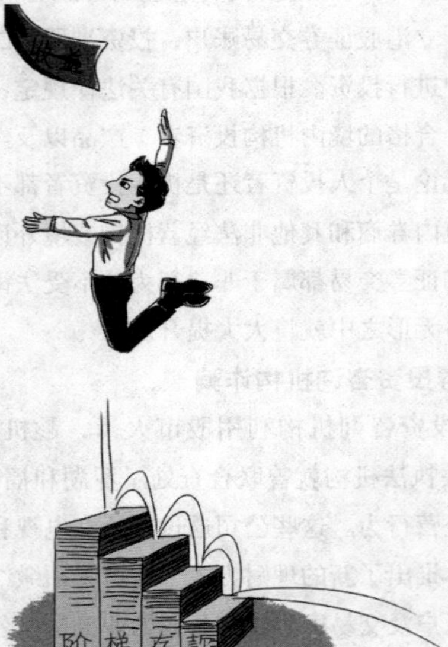
阶梯存款

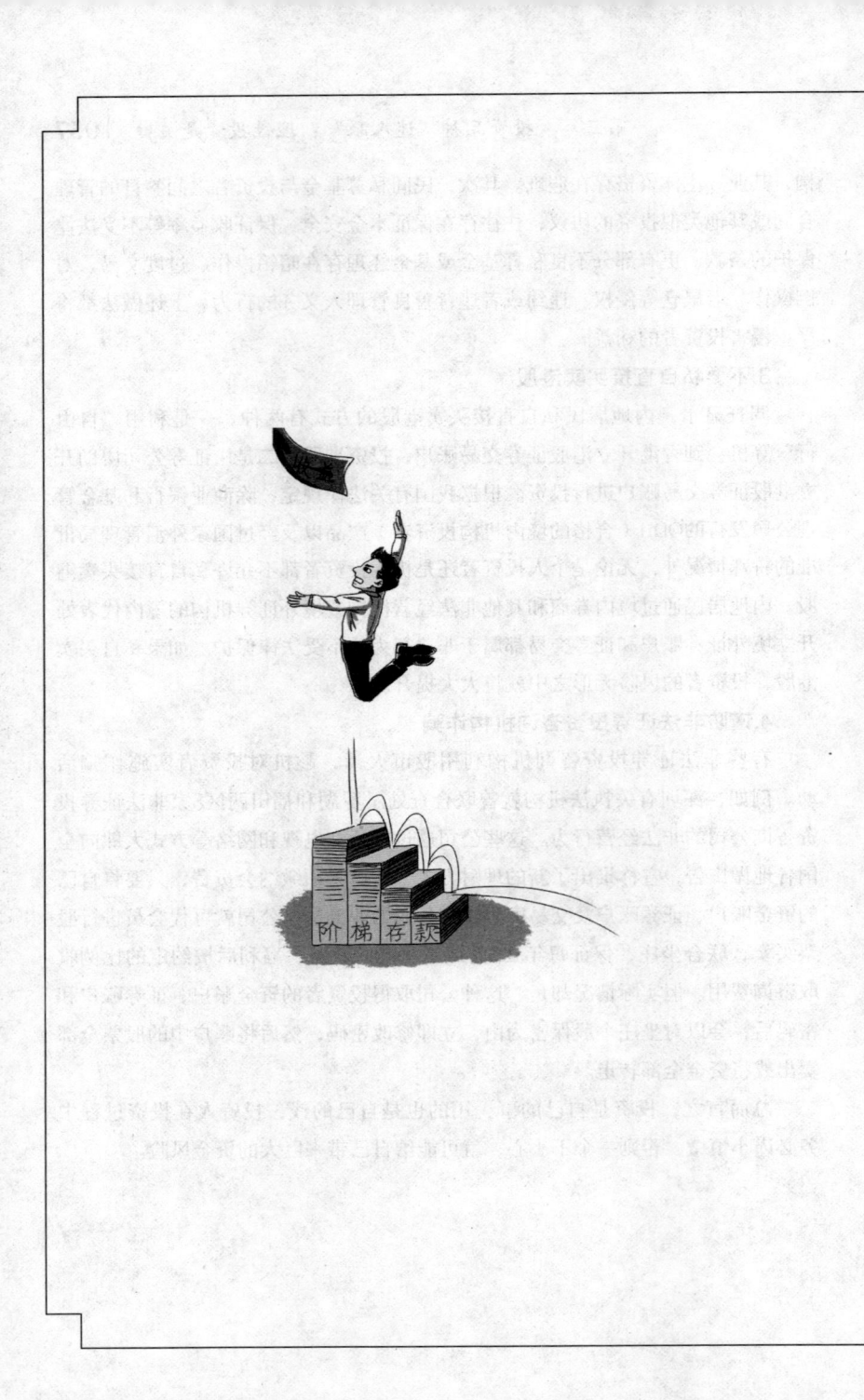

第四篇

精明储蓄:
复利的威力很可观

PART 01

小钱里头的大学问——存款利益最大化

存活期好还是存定期好

存款是银行的第一大业务。银行存款实行存款自愿、取款自由、存款有息、为储户保密的原则。

银行存款有活期和定期之分，作为普通大众的我们，到底是选择活期好还是定期好呢？我们先来看一下什么是活期存款和定期存款。

所谓活期存款是一种无固定存期，随时可取、随时可存，也没有存取金额限制的一种存款。而定期存款是指储户在存款时约定存期，开户时一次存入或在存期内按期分次存入本金，到期时整笔支取本息或分期、分次支取本金或利息的储蓄方式。它包括整存整取、零存整取和存本取息3种方式。

存款时是选择活期还是定期，具体要看你的资金对流动性要求如何。如果你的钱长期不用，可以存定期，而且最好分存为几张等额存单，这样就算有急用，也可以解存部分定期，不至于损失全部利息，而且存期越长，利率越高，肯定要比活期好。反之，如果你的钱很可能随时会用到，那还是活期比较好。

如果定期存款全部提前支取，你的存款只能按照活期的利率计算，与同档次定期存款利率相比，你将损失不少利息收入。因此，最好在存款时做好计划，合理分配活期与定期存款，大额定期存款可适当化整为零，这样既不影响使用，也不减少利息收入。

针对不同储种的储蓄技巧

在储蓄存款低息和储蓄仍然是家庭投资理财重要方式的今天,掌握各储种的储蓄技巧就显得尤其重要,掌握了这些技巧将使家庭的储蓄存款保值增值达到较好的效果。那么,有人不禁要问:目前银行开办的储种可谓种类繁多,面对不同的储种,是否都有与其相对应的储蓄技巧呢?答案当然是肯定的。

1.有关活期储蓄的技巧

对于活期储蓄来说,没有太多可供深究的技巧可言,家庭只需了解对于活期储蓄银行一般规定5元起存,由银行发给存折,凭折支取(有配发储蓄卡的,还可凭卡支取),存折记名,可以挂失。它的特点是利息于每年6月30日结算一次,前次结算的利息并入本金供下次计息。

活期储蓄适合被普通家庭运用在日常开销方面,因为它的特点是灵活方便。但是由于活期存款利率较低,一旦活期账户结余了数目比较大的存款,家庭就应及时把其转为定期存款。另外,家庭在开立活期存折时一定要记住留存密码,这不仅是为了存款安全,而且还方便了日后跨储蓄所和跨地区存取,因为银行规定:未留密码的存折不能在非开户储蓄所办理业务。

2.有关定期储蓄的技巧

定期储蓄中又包含许多储种,它们的特点各不相同,因此在使用时的技巧也会有所不同。

整存整取是定期储蓄中历史最悠久的储种,它适用于家庭中节余的较长时间不需动用的款项。在高利率时代,储蓄的技巧是期限分拆,即将5年期的存款分解为1年期和2年期,然后滚动轮番存储,这样做可以达到因利生利的效果,使收益最佳。而在如今的低利率时期,家庭都应该明白,其储蓄的技巧除了尽可能地增长存期外,别无他法。这就要求家庭能存5年的就不要分期存取,因为低利率情况下的储蓄收益特征是存期越长、利率越高、收益越好。此外,家庭还要能够善用我们在前文中提到的部分提前支取、存单质押贷款等方法来避免利息损失。

零存整取也是许多家庭非常熟悉的一种储蓄方法,它适用于较固定的小额余款存储,因为其积累性较强。目前银行一般规定零存整取定期储蓄5元起存,存期分为1年、3年、5年3个档次,尤其适合收入不高的家庭生活节余积累成整的需要。它的规定比较严格，存款开户金额由家庭自行决定。我们可以看出，这种储蓄方法不具有很强的灵活性，有一些家庭存储了一段时间后，认为如此小额存储效果并不明显，因此放弃者不在少数，其实这种前功尽弃的做法对家庭来说往往损失很大，因此采用这种储蓄方式最重要的技巧就是"坚持"。

存本取息是定期储蓄中的另一个储种，目前银行一般规定存本取息定期储蓄是5000元起存。要使存本取息定期的储蓄效果达到最好，最重要的技巧就是把这种方法与零存整取储种结合使用。

3.有关定活两便储蓄的技巧

目前银行一般规定定活两便储蓄50元起存，可随时支取，既有定期之利，又有活期之便。这种储蓄方法的技巧主要是要掌握支取日，确保存期大于或等于3个月，这样做可以减少利息的损失。

4.有关通知储蓄存款的技巧

前文我们已经提到过，通知储蓄是银行最新开设的一个储种。目前银行一般约定通知储蓄存款5万元起存，一次存入，可一次或分次支取，存期分为1天和7天两个档次。支取之前必须向银行预先约定支取的时间和金额。这种储蓄方式最适合那些近期要支用大额活期存款但又不知支用的确切日期的家庭，例如，个体户的进货资金、炒股时持币观望的资金或是节假日股市休市时的闲置资金。

5.有关教育储蓄的技巧

教育储蓄作为国家开设的一项福利储蓄品种，目前银行一般规定教育储蓄50元起存，存期分为1年、3年、6年3个档次。存储金额由家庭自行决定，每月存入一次（本金合计最高为2万元）。因此，教育储蓄具有客户特定、存期灵活、总额控制、利率优惠、利息免税的特点。由于教育储蓄是一种零存整取定期储蓄存款方式，在开户时家庭与金融机构约定每月固定存入的金额，分月存入，但允许每两月漏存一次。因此，只要利用漏存的便利，家庭每年就能减少了6次跑银行的劳累，也可适当地提高利息收入。

另外，除了上述对应不同储蓄类型的技巧外，就家庭储蓄本身而言，还是存在许多额外技巧的。在对待储蓄的态度上有的家庭会觉得花钱总是一种愉悦的享受，而储蓄却好似一种痛苦的惩罚。如果有这样的想法，那么，家庭大

第四篇 精明储蓄：复利的威力很可观

可以把储蓄看作是一个游戏，一旦意识到这个游戏充满着智慧的挑战，那么就会取得成功。对于刚刚建立的新家庭而言，从小额储蓄起步是很正常的。家庭可以拿出月收入的10%到15%来进行储蓄，最重要的是制定目标后要持之以恒。另外，家庭还可以采取定期从工资账户上取出20元、50元或100元，存入新开立的存款账户中的方法，家庭会发现这种手中可支配现金比以往减少了的生活不会和从前有什么差别，一旦适应之后，家庭就可以逐步从工资账户中增加每次取出的金额，存入新的存款账户，这样你就会发现，银行账户上的钱比想象的多。我们还有一个相似的办法，就是每天从钱包里拿出5元或10元钱，把它们放在一个自己看不见的地方，也可以当作是被小偷偷走了，然后每月将这些积攒到一定数目的钱存入银行存款账户中。在这个过程中，家庭仍然会感觉到，其实每天可支配的钱少了5元或10元并不会对生活产生什么影响，然而如果每天存5元，每月就是150元，一年就可以买得起一台电视了！

　　我们必须承认，储蓄也是需要动力的，它更是考验一个人自制力的最好方法。如果家庭成员对自己的自制力不那么自信，不如就把储蓄的目标贴在床头、冰箱门、客厅的墙上等家中醒目的地方，时常提醒自己，以增加储蓄的动力吧。

　　家庭一旦养成了储蓄的良好习惯，并能坚持下去，再配以一种或几种适合家庭的投资理财方式，以获得较高的投资回报，将来家庭的前途一定不可限量。储蓄永远都是一个家庭的坚实基石，有了它，家庭就可以无忧无虑地进行投资、享受生活了！

如何实现存款利润最大化

家庭理财中储蓄获利是最好的一种选择。那么,如何实现储蓄利润最大化呢?根据自己的不同情况,可以做出多种选择。

1.压缩现款

如果你的月工资为1000元,其中500元作为生活费,另外节余500元留作他用,那么你不仅要将节余的500元及时存起来生息,就是生活费中的500元也应将大部分作为活期储蓄,这会使本来暂不用的生活费也能养出利息。

2.尽量不要存活期

存款,一般情况下存期越长,利率越高,所得的利息也就越多。因此,要想在家庭储蓄中获利,你就应该把作为日常生活开支的钱存活期外,节余的都存为定期。

3.不提前支取定期存款

定期存款提前支取,只按活期利率计算利息。若存单即将到期,又急需用钱,则可拿存单做抵押,贷一笔金额较存单面额小的钱款,以解燃眉之急;如必须提前支取,则可办理部分提前支取,尽量减少利息损失。

4.存款到期后,要办理续存或转存手续以增加利息

存款到期后应及时支取,有的定期存款到期不取,逾期按活期储蓄利率计付逾期的利息,故要注意存入日期,存款到期就取款或办理转存手续。

5.组合存储可获双份利息

组合存储是一种存本取息与零存整取相组合的储蓄方法。如你现有一笔钱,可以存入存本取息储蓄户,在一个月后,取出存本取息的第一个月利息,再开设

一个零存整取储蓄户,然后将每月的利息存入零存整取储蓄。这样,你不仅得到存本取息储蓄利息,而且利息在存入零存整取储蓄后又获得了利息。

6.月月存储,充分发挥储蓄的灵活性

月月储蓄说的是12张存单储蓄,如果你每月的固定收入为2500元,可考虑每月拿出1000元用于储蓄,选择一年期限开一张存单,当存足一年后,手中便有12张存单,在第一张存单到期时,取出到期本金与利息,和第二期所存的1000元相加,再存成一年期定期存单。以此类推,你会时时有12张存单。一旦急需,可支取到期或近期的存单,减少利息损失,充分发挥储蓄的灵活性。

7.阶梯存储适合工薪家庭

假如你持有3万元,可分别用1万元开设1~3年期的定期储蓄存单各一份;1年后,你可用到期的1万元,再开设一个3年期的存单,以此类推,3年后你持有的存单则全部为3年期,只是到期的年限不同,依次相差1年。

8.4份存储减少不必要的利息损失

若你持有1万元,可分存在4张定期存单,每张存额应注意呈梯形状,以适应急需时不同的数额,即将1万元分别存成1000元、2000元、3000元、4000元的4张1年期定期存单。此种存法,假如在一年内需要动用2000元,就只需支取2000元的存单,可避免需取小数额却不得不动用"大"存单的弊端,减少了不必要的利息损失。

9.预支利息

存款时留下支用的钱,实际上就是预支的利息。假如有1000元,想存5年期,又想预支利息,到期仍拿1000元的话,你可以根据现行利率计算一下,存多少钱加上5年利息正好为1000元,那么余下的钱就可以立即使用,尽管这比5年后到期再取的利息少一些,但是考虑到物价等因素,也是一种很经济的办法。

PART 02
投资银行的理财产品，精打细算也赚钱

银行目前主要的理财产品有哪些

银行理财产品的诞生由来已久，但要说银行重视并大面积推出理财产品是2000年以后的事。这几年银行理财业务以每年18%的速度在高速增长。相应的，经过几年的发展，目前银行的理财产品已经盛行并呈现品种丰富的局面。仅在2007年的10个月，就共有34家商业银行（25家中资银行和9家外资银行）推出个人理财产品1870款。

特别值得一提的是，由于2007年股市的巨幅震荡和深度调整，投资基金也有不同程度"受伤"。受过风险教育的许多投资者又将目光转向银行理财产品。因为目前银行理财产品、股票与基金相比，具有"分享市场收益同时降低投资风险"的优点。正是这个原因，2007年上半年，银行业平均每月发行理财产品约140款，而下半年的数量就增加到每月210款左右。

根据产品的特点，银行理财产品可分为两大类：

一类是人民币理财产品和外币理财产品。根据币种不同，理财产品一般包括人民币理财产品和外币理财产品两大类。从风险来看，外币理财产品的风险要高于人民币理财产品。

一类是保证收益理财产品和非保证收益理财产品。根据客户获取收益方式的不同，理财产品还可以分为保证收益理财产品和非保证收益理财产品。保

证收益理财产品,是指商业银行按照约定条件向客户承诺支付固定收益,银行承担由此产生的投资风险,或银行按照约定条件向客户承诺支付最低收益并承担相关风险,其他投资收益由银行和客户按照合同约定分配,并共同承担相关投资风险的理财产品。非保证收益理财又可以分为保本浮动收益理财产品和非保本浮动收益理财产品。保本浮动收益理财产品是指商业银行按照约定条件向客户保证本金支付,本金以外的投资风险由客户承担,并依据实际投资收益情况确定客户实际收益的理财产品。非保本浮动收益理财产品是指商业银行根据约定条件和实际投资收益情况向客户支付收益,并不保证客户本金安全的理财产品。

根据投资领域与运作方式不同来分类,目前市场上的银行理财产品主要分为六大类:债券融资类产品、信托类产品、结构性产品、银行系QDII产品、新股申购类产品和外汇理财产品。

如何选择银行理财产品才能不差钱

现在的银行理财产品品种多得让人眼花缭乱,目不暇接,大有乱花渐欲迷人眼之势,投资者如何挑选到适合自己的银行理财产品呢?

其一,中短期银行理财产品优先选择原则。

2010年以来,由于受央行加息预期的影响,银行理财产品的结构期限正在悄然发生变化,大多数银行停售一年期以上的人民币理财产品,转而主攻6个月及以下期限的理财产品。与此同时,即时买卖、周末理财、7天理财,15天、30天……超短期理财产品则成为最大卖点。据来自普益理财的一份统计表明,曾经唱主角的一年期以上期限理财产品已经明显失宠。数据显示,银行新发1个月、3个月及6个月期限短期理财产品市场占比居高不下,占到银行理财产品发行额度的70%以上,与2009年理财产品结构相比,占据理财产品半壁江山的1年及1年以上期限理财产品,市场占比退到个位数。相比之下,1年以上理财产品发行数仅为7款,减少4款,市场占比回落至3.98%。

对于不愿冒太大风险的投资者,可以考虑投资中短期的银行理财产品。银行理财产品最大的风险是央行加息,而目前加息的预期日趋强烈,当加息来临，投资长期理财产品将增加机会成本，大部分理财产品收益水平，不可能随着利率上升而上调。所以在通胀预期下，投资者应当选择中短期银行理财产品进行投资。

就目前一年期信贷类理财产品的收益率来看，其平均收益率一般能达到4%左右，明显高于一般意义上3%的平均通胀率，可以避免资产贬值。同时，由于中短期产品时间不长，也利于投资者调整投资配置比例。

其二，风险承受能力是选择银行理财产品的关键所在。

银行理财产品按照风险级别划分为三大类，即信贷资产类、票据类、结构性产品类，风险依次递增，收益与风险当然呈现出正相关的关系。

首先，有较高固定收益要求的稳健投资者关注信贷资产类理财产品。

信贷资产类产品的运作模式是银行通过信托公司平台，从普通投资者那里募集到资金，然后放贷给需要资金支持的企业，企业与银行、信托约定的权益融资利率，基本为产品的预期收益率。

目前，同类产品的期限从几十天至1年半不等，年化收益率最低在5%左右，最高甚至达到9%。该类产品的风险主要根据信贷资产保质量而定，即来源于企业无法到期偿还本金和利息的投资风险。在选择此类理财产品前，投资者需要重点关注的是资金最终将流向哪些企业，该企业一贯的信用状况如何，上马的项目是否有前景等。由于监管层取消了商业银行为收益支付提供担保，因此理论上投资同类产品有亏损本金的可能。以某银行一款同类产品为例，虽然预期收益较高，但其投资对象为上汽通用汽车金融有限责任公司的信贷资产，而由于信贷资产的质量难以估计，因此风险难以估量；如果资金流向最终是行业垄断性企业为主，甚至包括政府机构，则对方违约的可能性非常小。

其次，风险承受能力较低者、中老年客户宜选择票据资产类理财产品。

票据类理财产品一般有两类：一类主要投资于已承兑或保贴的商业汇票等票据资产，还有一类是直接投资市场上票据类中信用等级最高的央行票据。对于后一类投资，由于是以国家信用为保证，几乎不存在风险，除非央行出现信用破产。但如果是前一类产品，理论上最坏的局面是，所投资的银行承兑汇票到期托收过程中，承兑银行（即开票银行）由于经营不善导致破产，不能按期付款，这种情况下投资者将损失全部或部分本金。

现在票据资产类产品年化收益率水平在4%左右，虽然收益率并没有明显的吸引力，但由于产品期限最短仅七八天，最长也仅有6个月左右，其流动性一直是股民最为看重的优势，同时也是经商人短期流动资金最好的存储方式。由于各家银行同类产品收益率有细微差别，因此，投资者需要细心比较选择。

最后，结构性理财产品适合风险承受能力较强者购买。

所谓结构性产品，即固定收益投资与衍生品交易的组合，通过预设收益实现条件，使投资收益能跳出单一投资品走势的影响，而由一篮子挂钩标的物的相对表现决定。据统计，今年以来，银行结构性理财产品的标的物主要以利率、股票、商品和混合类为主。

从投资期限上来看，目前结构性产品普遍在1年半以上，最长甚至可以达到3~4年，且一般不能提前赎回，流动性较差。此类产品预期收益最低也在12%左右，但实际收益的好坏还要看产品的设计是否合理。从前期爆出部分银行结构性理财产品零收益事件来看，到今年以来部分挂钩商品的结构性产品最高实现了年化超过20%的收益，可以看出这类产品的风险是比较大的。一般来说，以观察日表现的平均值来计算产品收益，有利于分散风险。

其三，货比三家，优中选优使你不差钱。

人们常说，"闻道有先后，术业有专攻。"在目前金融机构林立的投资环境之下，各家银行都有自己的传统优势项目，擅长不同的投资领域，这些特长也会在其发行的理财产品身上得到充分体现，优中选优就是选择各家银行根据专业优势形成的品牌理财产品。中国工商银行是国内最大的国有控股商业银行，拥有专业化的银行理财产品、投资管理团队和丰富的金融市场投资经验，拥有银行间市场所有类型交易的交易资格，中国工商银行秉承稳健经营的传统，发挥自身优势，在各类金融市场为投资者甄选投资项目，通过对子市场投资资产的动态管理，随时把握投资机会，提高客户投资收益。工商银行作为银行间债券市场最大的交易商和做市商，能够为客户提供高效安全的咨询、投资及信息服务。

购买理财产品一定多比多看一下，同样期限同等金额仔细对比看一下，理财产品预期收益是各不相同的，应选择你满意的期限和预期收益的理财产品。

最后，需要提醒投资者的是：一是银行理财产品是有投资风险的，预期投资收益并不代表实际收益；二是由于购买银行理财产品存入资金进来，就是把个人的资金使用权、支配权全部交给了银行，所以银行理财产品有流动性的风险，在存续期内是无法提前支取的，也不能做质押贷款，一旦客户购买之后急需资金时是无法获得的，只有耐心等待到期使用这笔资金。

简而言之，投资者在购买银行理财产品之前，需要综合考虑自己的资金用途、风险承受能力、年龄等因素，正确估算好自己家庭资金使用空间和收益之间的关系，对理财产品收益要有个合理的预期，在选择银行理财产品之前，一定要估算好自己家庭资金的使用空间，而不是因利率的诱惑忘记自己的风险承受能力，选择银行理财产品需要掌握量力而为的基本原则，才能让你的理财产品不差钱。

债券型理财产品，分享货币市场投资收益

债券型理财产品（亦称债券融资类理财产品），是指银行将募集到的资金主要投资于货币市场，一般投资于央行票据和企业短期融资券。因为个人无法直接投资央行票据与企业短期融资券，所以这类人民币理财产品实际上为客户提供了分享货币市场投资收益的机会。

债券型产品是早期银行理财产品市场中唯一的品种。在这类产品中，个人投资者与银行之间要签署一份到期还本付息的理财合同，并以存款的形式将

资金交由银行经营。之后，银行将募集的资金集中起来开展投资活动，投资的主要对象包括短期国债、金融债、央行票据以及协议存款等期限短、风险低的金融工具。在付息日，银行将收益返还给投资者；在本金偿还日，银行足额偿付个人投资者的本金。

2010年银行发行的债券融资类理财产品多数为浮动收益型，但其收益的浮动仅体现在相关参与方是否违约上。考虑到理财机构确定预期收益率通常较为保守，加之政策性银行的全额担保，以及目前已经到期的产品均能实现预期收益率等情况，债券融资类产品其实质可以被看作固定收益理财产品。

债券融资类理财产品目前面临的主要风险是流动性风险，因为该类产品一般不允许投资者提前赎回。另外，作为实质性的固定收益理财产品，债券融资类理财产品可能面临利率风险，即利率上升带来的投资损失。2010年，随着人民币不断加息从而导致的市场利率上升，银行债券融资类理财产品的预期收益率从3%逐步提升到5%，整体呈上升趋势。

债券融资类理财产品因为其安全性较高的特点，比较适合稳健型投资者。另外，投资者可以将债券融资类理财产品与其他较高风险理财产品进行合理配置，以实现稳定收益和较好地分散风险的作用。

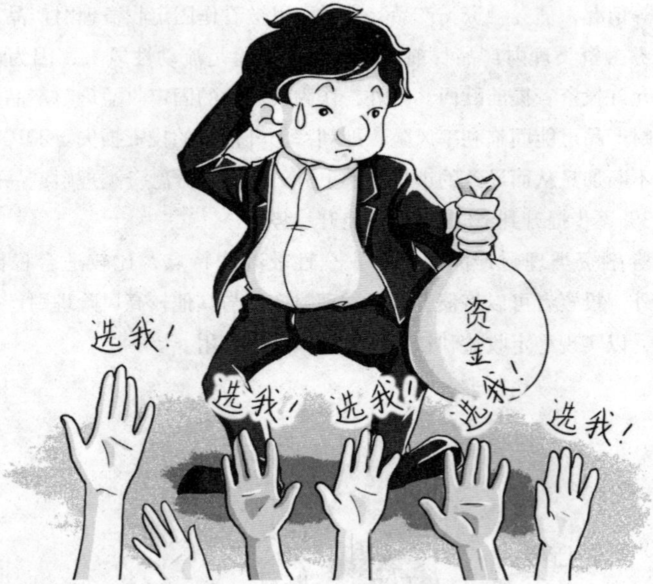
资金
选我!
选我!
选我!
选我!
选我!

第五篇

投资股票：高风险高回报

PART 01
股票投资的看盘技巧

如何看开盘

开盘是一个交易日的开始,也是大盘一天走势的基调,除非特大利多或利空消息刺激,否则,当日内一般不会发生高强度的震动和大比例的逆反走向。

(1)开盘后,必须立即查看委托买进笔数与委托卖出笔数的多寡,分析大盘究竟会走多走空。一般而言,如果一开盘委买单大于委卖单达2倍以上(如买单10万张,卖单5万张),则显示买气十分旺盛,做出胜算较大,短线进出者可立即买进,待股价拉高后立即于高价抛出获利;反之,若卖单大于买单2倍以上,则代表空方卖盘十分强大,当日作空比较有利,开盘立即卖出手中持股,逢低再回补。

(2)如果每笔买进张数与笔数之比值为8.0以上,代表大户买进。如有连续数次8.0以上之大比值出现,代表大户在做盘,可放心大胆逢低承接;反之,如卖单在8.0以上,可速杀出手中持股。

(3)可通过涨停板或跌停板家数的增减观察大盘的气势强弱。国内股市常有涨时抢涨、跌时杀低的现象,因此如果发现大盘涨停板家数迅速增加,代表大盘气势强劲,上涨有力,收盘有上涨可能,必须立即抢进;反之,如跌停家数出现20家以上,且卖单大于买单时,很快就会有更多家下跌,则代表大盘气势极弱,必须立即杀了手中持股,以免惨遭套牢。

（4）把一开盘即涨停或跌停的个股记录下来，并密切注意及追踪其价量变化，如果此时大盘买单大于卖单，上涨家数大于下跌家数，代表大盘偏多（买气较强），此时短线进出者可立即以市价买进正跌停之个股，一拉高至平盘即抛出1/2，再拉高再抛余下的1/2即获利。反之，大盘偏空且某一个股连涨数日，以大成交量打开涨停时可立即卖出，如跌低至平盘再回补。

集合竞价是每个交易日第一个买卖股票的时机，机构大户借集合竞价跳空高开拉高"出货"，或跳空低升打压"入货"。开盘价一般受昨日收盘价影响。若昨日股指、股价以最高位报收，次日开盘往往跳空高开，即开盘股指、股价高于昨日收盘股指、股价；反之，若昨日股指、股价以最低报价，次日开盘价往往低开。跳空高开后，若高开低走，开盘价成为当日最高价，股民手中若有昨日收于最高价之"热门股"，应参加集合竞价"出货"。卖出价可大于或等于昨日收盘价（最高价）。若热门股昨日收盘价低于最高价，已出现回落，可以略低于昨日收盘价出货。

此外，若投资人准备以最低价抓一暴跌之"热门股"，抢反弹，也可以参加集合竞价。因为昨日暴跌的最低价收盘的股票，今日开盘价可能是今日最低价。

当然，以集合竞价卖出"热门股"，买入超跌股。倘若热门股（超跌股）仍有上（下）行空间配合"利好"消息（"利空"消息）及大成交量，可突破上档阻力位（下档支撑位），就不应参加集合竞价"出货"（"入货"），待观察开盘后走势再决定。

但是，当9时25分集合竞价出现时，投资人若发现手中热门股缺口很大且伴随成交量巨放，应立即以开盘价之卖出价"出货"，以免掉入"多头陷阱"套牢。此时，一般不应追涨买入"热门股"。反之，"热门股"集合竞价跳空缺口不大，成交量较大，经分析仍有上行，又有最新"利好"消息、传言配合，有可能冲破上档阻力位，可考虑在冲破阻力位后"追涨"买入或回档至"支撑"位时买入；若开盘价靠近"支撑"位，可立即买入。

（5）9时30分至10时为修正开盘。若大幅高开则有一定幅度拉回，大幅低开则会适当上调。之后，大盘得到修正再按照各自的走势运行。由于人为的拉抬和打压因素，开盘指数与股价都有一定的泡沫性，此时进场风险甚大，必须等到修正开盘，消除盘面盲点后，才能看清大盘的真实情况。如果一旦开盘两极分化且迟迟未见修正迹象，则可立即确认大盘强弱和收盘涨跌走势。

（6）注意开盘三线。开盘三线是指开盘后三上阶段的指数线位置。若以10分钟为一计算单位，则盘面涨跌情况如下：开盘三线在9时40分、9时50分和10时始终在开盘平行线上方游动，且一波比一波高，为涨势盘面。开盘三线一路走低，始终在平行线下方且与平行线的距离越拉越大，此为跌势无疑。

开盘三线还有一些不很明显的态势也要注意。如开盘三线二上一下和一下二上仍趋涨势，而开盘三线一上二下或二下一上则趋跌势，操作者宜密切注视开盘三线变化，灵活掌握，及时做出准确判断。

如何从盘口判断资金的流向

盘口信息是判断资金流向的重要渠道之一。从盘口判断资金流向可用以下的方法：

1.从成交额上观察资金流向

可重点观察每天成交量（成交额）排行榜前20至30名的个股，这些个股往往反映了主流资金的动向，投资者还需观察这些个股是否具备相似的特征或集中于某些板块，并且占据成交榜的时间是否够长（半天、一天、三天等时间长短和对资金吸引的力度的大小成正比）。这里需要注意的是当大盘成交量低迷时，部分大盘股占据成交榜的前列，而这些个股的量比又无明显放大，则说明此时大盘人气涣散而不是代表资金流向集中。

2. 从涨跌幅榜观察资金流向

大资金的进场与闲散小资金进场是有所不同的，大资金更善于发掘有上升空间的投资品种，而闲散游资是否集中进场更多取决于当时大盘行情是否好。因此从盘面上来看，板块个股具有轮动性，并且大资金总体上进出市场的时间早于小资金进出的平均时间。如何发现庄家已动手了呢？看涨跌幅榜：最初发动行情的个股（涨幅居前，成交量放大）往往最具备示范效应，你如果没有买到领头羊就买像龙头的但还没大涨的个股，因为资金具有轮动性。此外，就是看跌幅榜居前的一些个股是否前两天有过上涨行情，这两天成交量是否也比较大。如果是，则说明人气被聚集起来了，跟风的资金比较坚决，有利于行情的持续发展，当然，大幅上涨后放量下挫则不在此列。

若成交量排行靠前而且股价涨幅也靠前，说明大资金持续流入该类个股，成交排行靠前股价不涨反跌，就需警惕是大资金在出逃了。

另外，庄家建仓完成与否，通过盘口信息也可以看出。

1. 拉升时挂大卖盘

一只股票不涨不跌时，挂出的卖盘较正常，一旦拉升时，立即会出现较大的卖盘，有时甚至是先挂出卖盘，尔后才上涨。在这种情况下，如果卖盘不能被吃掉，说明庄家吸筹不足或不想发动行情；如果卖盘被逐渐吃掉且上攻速度不是很快，说明庄家已相对控盘，既想上攻，又不想吃进更多的筹码，所以拉升的速度慢些。

2. 下跌时没有大承接盘

如果庄家建仓不足，在洗盘时不希望损失更多的筹码，下跌时低位会有一定的承接盘，自己卖给自己，有时甚至是先挂出接盘再下跌。而在庄家已经控制了较多筹码的股票，下跌时卖盘是真实的，低位不会主动挂出大的承接盘，目的是减仓，以便为下一波拉升做准备。

3. 即时走势的流畅程度

庄家机构介入程度不高的股票上涨时显得十分滞重，市场抛压较大。庄家相对控盘的股票，其走势是较流畅和自然的，成交也较活跃。在庄家完全控盘的股票中，股价涨跌则不自然，平时买卖盘较小，成交清淡，上涨或下跌时

才有意挂出单子，明显给人以被控制的感觉。

4.大阳线次日的股价表现

一只没有被控盘的股票，大阳线过后，次日一般会成交踊跃，股价上蹿下跳，说明多空分歧较大，买卖真实而自然，庄家会借机吸筹或出货。而如果在大阳线过后，次日成交清淡，波澜不惊，多半说明已被控盘，庄家既无意出货，也无意吸筹。

如何观察盘口动向

分析盘口是看盘的关键，而观察盘口变化也是了解主力动向的重要方法。

1.大幅高开

大幅高开是指开盘时以涨停或很大升幅高开，瞬间又回落。这样做既突破了关键价位，又不会由于红盘而引起他们跟风，也有震仓的效果。另外，庄家可能还有两个目的：吸筹或是试盘，试上方抛盘是否沉重。

2.大幅低开

大幅低开指开盘时以跌停或很大跌幅低开。其目的是：出货。为了收出大阳使图形好看，操盘手把筹码低价卖给自己或关联人。

3.盘中瞬间大幅拉高

盘中瞬间大幅拉高是指盘中以涨停或很大升幅一笔拉高，瞬间又回落。其目的是试盘动作，试上方抛盘是否沉重。

4. 盘中瞬间大幅打压

盘中瞬间大幅拉高是指盘中以跌停或很大跌幅一笔打低，瞬间又回升，其目的可能是试下方接盘的支撑力及市场关注度；或者操盘手把筹码低价卖给自己或关联人；再或者做出长下影线，使图形好看，吸引投资者；又或者庄家资金不足，抛出部分后用返回资金拉升。

5. 长时间无买卖

由于庄家全线控盘或多数筹码套牢在上方，又无买单，所以长时间无买卖。

6. 在买盘挂大买单

在买盘处挂大买单往往是庄家资金不雄厚的表现，庄家企图借此吸引散户买入，把价位拉高。庄家若欲建仓，并大幅拉高，隐蔽还来不及，怎么会显露于人？

7. 尾盘瞬间拉高

由于庄家资金实力有限，为节约资金而能使股价收盘收在较高位或突破具有强阻力的关键价位，尾市"突然袭击"，瞬间拉高。

另外，一些基金重仓的股，在要计算基金净值的那一日为使基金净值提高，也曾有尾市瞬间拉高的现象。

8. 尾盘瞬间下砸

在全日收盘前突然出现一笔大卖单减低很大价位抛出，把股价砸至很低位。其目的有3种可能：

（1）使日K线形成光脚大阴线，或十字星，或阴线等较"难看"的图形，使持股者恐惧从而达到震仓的目的。

（2）使第二日能够高开并大涨而跻身升幅榜，吸引投资者的注意。

（3）操盘手把股票低价位卖给自己或关联人。

分时图看盘技巧

盘面的变化，多数都是从分时的走势来判断的。强庄股的特性，第一感觉也是从分时图看出来的。在大盘处于非常强劲上升之时，我们可以充分利用分时图的价格线与均价线的关系找出大黑马。

（1）当股价向上偏离均价线股价的10%的时候，很有可能会出现加速上涨的行情。投资者可快速介入做一回短线快枪手。

当大盘处于弱势时，当股价向下偏离均价线10%的时候，就很有可能出现加速暴跌的行情。个人投资者应回避风险，果断卖出止损。

（2）成交量看盘。价开量先行，是市场人士都认同的事实。一只股票的上涨，肯定要有成交量的配合才可以有信心买进或持有。但要学会识破主力在成交量上的骗线，注意对敲单的情况。

（3）看盘除了看综合指标排外表外，还要看"61"和"63"，沪市股票行情按涨跌幅排名，深市股票行情按涨跌幅排名。经常出现在涨幅第一版的股票是好股票，经常会有连续上攻的黑马出现。而有些黑马不喜欢涨停，经常涨3%~7%不到，隐秘而不易发现，只有在股价已经高位的时候，才会改变控盘方法，以涨停板拉抬出货。

（4）在涨幅百分比1%~3%之间的股票上发现黑马股。如果一只股票在均价线附近窄幅波动（最好是在均价线上方运行）两三个小时左右，涨幅在1%~3%，振幅很小，那么一旦有大买单出现，涨幅会非常可观。

总之，看盘要自己不断地分析和思考、验证、再验证。

看盘失误不可怕，更重要的是要相信自己的操作应变策略。

最后，看盘需要有好的心态，乐观、开朗、自信、心情好、精神好，自然会看盘更专注、更正确。

如何从盘中发现个股即将拉升的异样

在实际操作中，投资者如果能通过观察大盘，敏锐地发现个股即将拉升的异样，适时进场，一般都能获得很好的投资回报。那么，我们如何从盘中发现个股即将拉升呢？个股即将拉升时，盘中都会出现一些异样：

1.较大的卖单被打掉

个股交易尽管比较清淡，但总会有一些较大的卖单出现的。比如，日成交在30万股以内的行情必定会有一些万股以上的买单或者卖单出现，我们可以特别关注这些离成交价比较近的大卖单。如果这些卖单经常会在较短的时间内被买单主动打掉（所谓主动就是不在下面挂出来，直接对准大卖单打进的说法），这就是一种主力拉升前的征兆。

众所周知，主力在拉升前的理想状态就是股价不再下跌，市场割肉盘减少。而当股价拉起来以后，主力最害怕的就是前面相对低位的获利盘蜂拥而出。因此，只要主力的资金状况允许，在拉升前会尽可能地吸纳掉一些抛盘稍大的卖单，也可以理解为是主力在一个相对小的范围内完成一个相对小的阶段性建仓任务。将大卖单打掉的同时也制住了市场的跟风抛盘。一旦股价拉升成功，那么这些以相对低位买进的单子就成为主力自己的获利盘（至于主力原先的大量仓位不在考虑之列），主力可以根据自己的需要一路锁定或者适当地派发到市场上。

如果运作得当，主力做一波回升行情是可以获利的，也就是说，是可以降低自己的持仓成本的，尽管降低的幅度相当小。

2.盘中会出现一些非市场化的大单子

比如，在日成交30万股的行情中有时候会出现3万股甚至5万股以上的单子，而且不止一两次，挂单的位置距离成交价较远，往往在第三价位以上或以下，而且有时候还会撤单。这种数量较大的单子由于远离成交价，实际上成交的可能性是非常小的，因此属于非市场性的单子。这些单子的用意只是告诉市场：已经有人在注意这家股票了，股价有可能上涨。当然，主力拉升股价的目的有时候是为了做一波大的行情，但在整个市场都处于一个弱势的情况下，主力也经常会有出货的意图。但这对于我们准备割肉的筹码来说并不是十分重要，因为不管怎么样，即使主力是为了拉高出货至少还是会有拉高的过程，我们还有一个在相对高位割肉的机会。

一旦股价真的起来以后，我们将面对的是准确判断主力拉升的意图。如果是做一波大行情，那么我们应该继续持有，直到主力做不动为止。如果主力只是拉高护盘甚至拉高出货，那么必须寻找合适的机会割肉。

3.盘中出现脉冲式上冲行情

所谓脉冲式行情，是指股价在较短的时间内突然脱离大盘走势，而上冲接着又很快地回落到原来的位置，而且在这一波快速行情中，并没有对倒之类放大的成交量。

盘面清淡的成交已经告诉我们，主力在这一段时间内也没有参与市场的运作（但不表示主力没有关注这家股票），所以主力的市场感觉也不会很好。换句话说，主力也不知道万一将股价打上去，市场上会有多少抛盘出来，而跟风的接盘又会出来多少，因此主力在正式拉升股价前必须要先试拉一下，业内称为"试盘"，看看市场的反应，所以就出现了脉冲式的上冲行情。

也有一种可能是主力多打掉一些抛盘。为了在以后的拉升中减轻一些压力，主力希望要抛出来的卖单尽量在股价拉升前出来，这样在以后拉升股价的过程中，卖压就会小一些。如果股价起来以后，市场跟进的买单比较多，那么主力还可以作为卖方将筹码倒给市场。

4. 盘中出现压迫式下探走势，但尾市往往回稳

这种走势比较折磨人，盘中出现较大的卖压。股价步步下探，但尾市却又往往回升。

谁都知道，这样的走势的结果就是引来更多的割肉盘。但为了使这种走势成立，主力一般都需要加一些力，否则，单靠散单的力量肯定是不够的。这里所说的力无非就是筹码，卖出的筹码。因此，盘中会出现一些较大的卖单，甚至为了加深市场的影响还会做一些向下的对倒盘。

主力做出这种态势的目的是想加大建立短期仓位的力度，也就是希望买到更多的低价筹码，属于诱空的手法。

让市场在此位置大量割肉给主力，然后主力再做一波行情，顺利的话，主力会在股价回升的过程中将前面买进的筹码倒给市场。

如果通过一些征兆分析，我们得到了主力要拉升股价的信息，那么割肉的事情就可以再等待一下，起码我们知道能够以更高的价格割肉。

PART 02
如何选择一只好股票

选股 8 大原则

市场上有千万种股票，面对各种股票，任何一个投资者即使有雄厚的资金，也不可能同时购买市场上的所有股票。如何选择风险小、收益大的股票进行投资，实在是一件难事。对于资金数量不多的小额投资者而言，在眼花缭乱的大量股票中选择好投资对象，就更为不易。正因为如此，便有"选股如选美"的感叹。但是，选股并非毫无策略可言，下述方法可谓选股之真谛。

1. 根据公司业绩选股

公司业绩是股票价格变动的根本力量。公司业绩优良，其股票价格必将稳步持续上升，反之，则会下降。因此，长线投资者应主要根据公司业绩进行选股。衡量公司业绩的最主要指标是每股赢利及其增长率。根据我国公司的现状，一般认为每股税后赢利0.8元以上且年增长率在25%以上者，具有长期投资价值。

2. 根据经济周期选股

不同行业的公司股票在经济周期的不同阶段，其市场表现大不一样。有的公司对经济周期变动的影响极为敏感，经济繁荣时，公司业务发展很快，赢利也极为丰厚；反之，经济衰退时，其业绩也明显下降。另一类公司受经济繁荣或衰退的影响则不大，繁荣时期，其赢利不会大幅上升；衰退时期亦无明显减少，甚至还可能更好。因此，在经济繁荣时期，投资者最好选择前一类股票；而在经济不景气或衰退时，最好选择后一类股票。

3.根据每股净资产值选股

每股净资产值即股票的"含金量"，它是股票的内在价值，是公司其资产中真正属于股东的且有实物或现金形式存在的权益，它是股票价格变动的内在支配力量。通常情况下，每股净资产值必须高于每股票面值，但通常低于股票市价，因为市价总是包含了投资者的预期。在市价一定的情况下，每股净资产值越高的股票越具有投资价值。因此，投资者应选择每股净资产值高的股票进行投资。如果市价低于每股净资产值，其投资价值极高。当然，净资产值低而市价也低的股票，也可适当选择，但无论如何最好不要选择净资产值低于股票面值的股票。

4.根据股票市盈率选股

市盈率是一个综合性指标，长线投资者可以从中看出股票投资的翻本期，短线投资者则可从中观察到股票价格的高低。一般地说，应选择市盈率较低的股票。但市盈率长期偏低的股票未必值得选择，因为它可能是不活跃，不被大多数投资者看好的股票，而市场永远是由大众行为决定的，因此，其价格也很难攀升。至于市盈率究竟在何种水平的股票值得选择，并无绝对标准。从我国目前经济发展和企业成长状况来看，市盈率在20左右不算高。

5.根据股票的市场表现选股

股票的净资产是股票市场表现的基础，但两者并非完全对应，即净资产值高的股票，其市价不一定都有良好的表现，相同或相近净资产值的股票，其市价可能有较大差异。因此，对短线投资者而言，市场价格如何变动，即其波动幅度大不大，上升空间广不广，亦是选股的重要依据。一般来说，短线操作者最好选择那些短期内有较大上升空间或市价波动幅度大的股票，这些股票提供的短期获利机会较大。

6.根据个人情况选股

大多数投资者常对某些股票有所偏好，这可能是因为其对这类股票的公司业务较熟悉，或是对这类股票的个性较易驾驭，或是操作起来得心应手，等等。根据个人情况选股时，要全面考虑自己的资金、风险、心理、时间、知识等方面的承受能力。比如，有的股票经常大起大落，变动无常，就不宜作为在上述方面承受能力不强的投资者的选择。

7.根据股价涨幅超前与否选股

通常同一行业中最好的两三只股票会有强劲的走势，而其他的股票则步履维艰。前者被称为"领导股"，后者便是所谓的"同情股"。"领导股"也是涨幅超前股，是投资者应选择的对象。如何发现这些"领导股"呢？一个简易的方法是股票相对价格强度测定法。所谓"相对价格强度"，是指某种股票在一定时期内涨价幅度与同期的股价指数或其他股票的涨幅度的比值。通常认为，相对价格强度在80以上的股票极具选择价值。

8.根据多头市场的4段行情选股

多头市场的行情走势通常可分为4段行情。

第一段行情为股价急升行情，整个市场的升幅极大，通常占整个多头行情的50%。在这段行情内，大多数股票从空头市场过度压抑的水准下反弹时，几乎所有的股票都会上涨。在这期间可以试进高风险股票。当空头市场转向，公司破产的威胁减少，这类股票会回复到较正常的水准，其升幅将有优良的表现。

第二段行情也是相当有利的，股价指数的升幅超出整个多头行情的25%。通常，在这段行情中，成长股开始有好的表现。投资者普遍看出经济发展的未来美景，并且寻找参与成长的方式。在这种投资气候里，成长股会更快地升高价位，此时的绩优成长股走势也相当好，其可能涨幅比股价指数还要高。因此，在这一段行情内，最好选择成长股的绩优股。

第三段行情的涨幅明显较小，一般少于整个多头行情的25%，只有极有限的股票继续上升。对这段行情的可能策略是，慢慢卖出次等成长股，转移部分资金用于具有在多头市场里维持价位能力的绩优成长股，以及购进那些能在未来经济困境中特别获益的顺应大势的股票。总之，此段行情内必须开始对空头市场作准备。

第四段行情是多头市场即将完结的行情，此时该涨的股票都已涨得差不多，只有绩优成长股以及可在经济困境中获利的少数股票，才可能继续上升。因此，这段行情的选股是最困难的，通常这时应是准备撤离市场的时候。但空头市场究竟何时来临很难确定，故此时全部清盘未必明智，最佳的保障办法是维持某些绩优成长股，而不要空仓。

不同类型股民的选股技巧

每个人都有自己的个性，不同类型的股民在投资上会表现出不同的特点。按照自己的个性选股，是比较稳妥可靠的方法。

1. 稳健型投资者

如果投资组合中无风险或低风险证券的比重较大，那么投资者的投资姿态是稳健型的。稳健型的投资者都很强调本期收入的稳定性和规则性，因此，通常都选择信用等级较高的债券和红利高而且安全的股票。所以，选股时应把安全性当作首要的参考指标。

具体应注意以下几个方面：

（1）公司经营状况和赢利能力都比较稳定。
（2）股票的市盈率较低。
（3）红利水平较高。
（4）股本较大，一般不会有市场主力光顾。

为了兼顾本期收入的最大化，稳健型投资者可将股票、基金和债券融合在一起，共同组成股资组合。另外，证券投资基金作为一种由专家管理的金融工具，也不失为一种较好的投资对象。

2. 激进型投资者

若投资组合中高风险证券所占比重较大，说明投资者的投资姿态是激进型的。激进型投资者的目标是尽量在最短的时间内使其投资组合的价值达到最大。因此，其投资对象主要是震荡幅度较大的股票。

激进型的投资者通常运用技术分析法，认真分析市场多空双方的对比关系、均衡状态等情况，而不太注意公司基本面的因素，并以此为依据做出预测，选择有上升空间的股票。

激进型的投资者在选择股票时要参考以下几条标准：

（1）股票以往表现较为活跃。
（2）最好有主力资金的介入。
（3）有炒作题材配合。
（4）量价关系配合良好。
（5）技术指标发出较为明显的讯号。

激进型投资的优点是重视技术分析的运用,往往能在短期内取得较大的收益,缺点是忽略了基本分析,是一种不全面的分析方法,因此预测成功率通常不会很高,风险系数也较大。

3.进取型投资者

进取型投资者介于激进型投资者和稳健型投资者之间。进取型投资者讲究的是在风险尽可能小的前提下,使利润达到最大化。当然,其风险系数要高于稳健型投资,而低于激进型投资者。

进取型的投资者在选择股票时,通常采用基本分析法,深入了解各公司的竞争力、管理水平、产品特点、销售状况等情况,并以此对各公司的赢利和红利做出预测,从而根据各股票的内在价值与市场价格的对比,选择价格被低估的股票。可参考以下几点进行分析:

（1）赢利和红利的增长潜力大。
（2）红利水平较低。
（3）预期收益率较高。
（4）赢利增长率较高。

进取型投资最大的优点在于其基本分析,投资者通过对公司基本资料和国家政策的分析,往往能预测出将来市场行情的变化。如果投资者预测经济将由危机转为复苏,就应加大高风险证券在投资组合中的比重,也就是说转成激进型投资者;若投资者预测经济将由繁荣走向衰退,则应提高低风险证券在投资组合中的比重而转为稳健型投资者。

由于股票市场是一个高风险的市场,投资者往往追求高收益而忽略其风险因素,所以我国的大部分投资者都是激进型和进取型的投资者。

如何选择最佳大盘股

在过去一段时间,投资者都热衷于盘子较小的股票,小盘股更受到很多投资者的欢迎。但随着机构投资者的壮大,太小盘子的股票已经容纳不了他们巨大的身躯,他们开始将投资目标转移到那些超级大盘身上,特别是大盘蓝筹股。在这场前所未有的大转移过程中,投资理念也发生了革命性变革,开始推崇价值投资。

所以，投资者要花费相当大的精力，以全新的视野来筛选大盘股，从中找出精品股。这类大盘股最大的优点就是大盘的走势无法对它们产生巨大的牵制力，往往能够顶住大势的重压而走出一波独立行情，它们是大市指数的中流砥柱。

一般说来，最佳大盘应该具备以下几方面的特征：
（1）行业处在景气周期内，并且还将持续一段时间。
（2）成交萎缩到极点。
（3）绝对涨幅不大，应该少于50%。
（4）行业的低谷周期即将结束，股价徘徊底位已经有相当长的时间。
（5）媒体开始大谈价值投资观念。
（6）短线升幅不大，经过一定时间的调整。
（7）短线出现回调，产生难得的低位区。

总的来说，大盘股能产生令人惊讶的回报，但并不是说在大盘股里遍地是黄金。实际上，在大盘股中还存在不少的劣质品，只有少数的大盘股才能助你在股市中赚大钱，这需要投资者用自己的慧眼去识别。

如何选择最佳小盘股

小盘股一向深受市场人士的追捧。因为，小盘股与大盘股相比有以下优点：
（1）振荡幅度大，这本身就是一种机会的存在。
（2）只需较小规模的资金便可将股价推高，因而可以吸到大大小小的庄家介入。
（3）潜在的题材较丰富，如送股等。
（4）股权变更较容易。
（5）重组也易进行。
（6）很多黑马股都出身于小盘股。
（7）主营业务转型难度相对较小。

所以投资者在选择股票时，选择流通盘小于1亿的小盘股，更容易在股市中赚大钱。

但是，要选择最佳的小盘股，需要具备以下几个条件：

（1）绝对价格应该小，最好小于15元。

（2）盘中主力的获利尚不大，最好小于50%。

（3）成交量进入密集区。

（4）股权分散。

（5）国家股和法人股等非流通股比例小。

（6）公司业绩尚可，绝不能连续3年亏损，绝不能有退市风险。

PART 03
不同市况下，如何操作股票

牛市中，如何赚钱

有人把牛市划分为3个阶段：牛市初期、牛市中期和牛市末期。针对市场的变化可以采取不同的操作策略。

1. 牛市初期赚钱法则

熊末牛初过渡期，股市呈现恢复性上涨，大部分股票都会上涨，这是对熊市过分下跌的修正。牛市初期，会产生由几只大盘蓝筹股为代表的上涨行情，而且这些龙头股的上涨会贯穿整个牛市。

熊市末期和牛市初期时，买入并持有最能赚钱的优质公司（其中含有大市龙头个股），这期间采取"乌龟政策"，只买进不卖出。账户上基本上长期不做交易，这样会把利润赚饱、赚足。

2. 牛市中期操作方法

行情如果进入牛市中期，市场中会出现

一批较为优质的公司股票的上涨，而且市场会给它们轮流上涨的机会，这时换股炒作会变得很重要。

深沪股市会逐步向牛市中期演变，这可能需要一段时间。于是，需要抓紧调研一批较优质的公司，作为进入牛市中期可能选择的"猎物"。当然，这批公司多数已经进入你的视野多年，目前你的首要任务就是把这些公司彻底搞清楚，为牛市中期的大决战做好充分的准备工作。

3. 牛市末期操作方法

到牛市末期，市场中大多数股票都会上涨。

根据过去的实战经验，到了牛市的中后期，才是最赚钱的时期。你当然一切以赚钱为最高目标，当有别的事与之发生冲突时，你会选择以商业利益为首。正所谓行情不等人，投资者必须时刻做好准备，待有利时机到来时，立即介入。

熊市中，如何操作股票

在牛市中可以赚钱，在熊市中照样能赚到钱，关键就是你如何操作熊市中的股票的问题了。

操作熊市中的股票，一是要忍痛"割肉"，就是在高位买入的股票，一旦遇到熊市，就应当果断地、速战速决地、极早地将它抛出，如果股票继续下跌，就可少亏一部分；其次是可采用逐次平均买进法，多至6次，少至3次。以3次为例，每次各投资三分之一，算出均价，在股价反弹后上升到你购入的平均价，并除去各种费用后抛出，就可获取利润；其三，可采用加倍买入摊平法，就是在第一次用三分之一资金买进后，如继续下跌，则第二次用三分之二的资金投入，以求摊平成本。如资金宽裕，也可用三段加倍买进平摊法，即将资金分成8等份，第一次至第三次分别投入八分之一、八分之三和八分之四的资金，这个办法在第三次买进后，股票价位回升到第二次买进的价位，再除去各种费用后抛出，亦有利可图。

另外，进行短线操作，不能不仔细研究K线图，K线图是一种记录股价走势的特殊语言，每一条日K线相当于一个短语，描述了当天的股价变化情况；

由许多条K线构成的图形则相当于一个语句。

精通K线图的人会从图表上读到"看涨语句""看跌语句"及"不明朗语句"。在读到"看涨语句"时进，读到"看跌语句"及"不明朗语句"时在场外观望。如此，必能在跌势中保存实力，同时又能赚一点短线差价，只是K线图这门语言相当深奥，需下功夫去研究。不过，为了利润，多下点功夫是值得的。

当然，除K线图外，其他的技术分析工具也需参考。

股市是一个风险市场，因此入市者应对所面临的风险进行细致的推敲，并预先想好对策，做到这一点才能在亏损时不慌不乱。股价不会永远上升，也不会永远下跌，股市最悲惨之际就是最佳入货时机，因此不要因亏损而乱了方寸，应审时度势，在跌势中保存实力，股价见底时大胆出击。胜败乃兵家常事，为将者在逆境中应保存有生力量。以图有朝一日重整旗鼓，东山再起，卷土重来。

总之，熊市之中操作股票并不可怕，关键是，只要投资者精心设计，用心去做，不将手头的资金一次用光。你不妨按上述办法去操作，看看是否能最终获取利润。

盘整市中，如何把握机会

盘整市是一种股价在盘整中逐渐下沉的低迷市道，即通常所说的"牛皮偏软行情"。处于盘整市中的市场既不可能持续下跌，也不可能持续上涨，只能是反复震荡。一般，相伴的成交量都很小，因此，"逢低吸纳、逢高派发"也就成为在盘整市中最基本的操作原则。对于股民来说，在这种市况期间是招兵买马、整顿旗鼓的大好时机。也就是说，在股价偏软、交投清淡的时候，不宜太迷恋市场，而应当趁此机会做一些细致的研究工作，包括对各个上市公司的调查和比较，对宏观经济情况的分析以及对一段较长的时间以来大市所走过的历程的详细的图表分析。通过这些在作战间隙的研究工作，可以使自己比较清楚地了解到大市所处阶段以及发现一些潜质好的上市股票，以便下一个机会到来时能准确地抓住战机。

那么，假如当市场进入牛皮偏软状态时，投资者还没有来得及从市场上脱身，该如何处理日常的操作呢？

这要分几种不同的情况来对待：

情况一，盘整市出现在股价相对高位时。

一般来说，在相对高价位区，股价横向盘整是盘不住的。尤其是在人气逐日消散、成交渐渐疏落的情况下，走势非常危险，后市很可能在连续几天的阴跌之后出现向下的加速运动。所以，这时的操作策略应当是坚决离场。当然，有一种情况是例外的：那就是大多头市场中的强势调整，在强势调整中也会出现股价的高位横盘和成交量的萎缩，调整之后股价却会继续上升，这期间显然不能采取"坚决离场"的策略。强势调整容易与高位的牛皮偏软行情区分开来，区分的办法是观察三方面因素，第一观察成交量萎缩的程度，牛皮偏软行情中对应的成交量是极度萎缩的。而强势调整期间成交量虽大幅萎缩，但由于人气未散，会比较活跃，成交量不会太小。第二是市场对利好消息反应的敏感度。在强势调整过程中，市场对利好消息的反应仍然相当敏感，个股的利好消息往往会相当强烈地体现在其股价的波动上。而在高位的牛皮弱市期间，市场对于利好消息反应相当迟钝，有时甚至根本不理睬市场上的利好传闻，个别情况下还有可能把实际上是利好的因素当作利空来对待。第三，强势调整一般不会历时太长，而在高位的牛皮弱势则可能会维持比较长的时间，直到股价磨来磨去，把多头的信心磨掉之后，股价就会跌下来。

情况二，盘整市出现在中间价位时。

作为一般性的原则，在中间位的横盘向上突破与向下突破的可能性都有，因此，应当在看到明确的有效突破之后再顺势跟进。不过，这只是一般性的原则，在多数情况下，发生在中间价位，牛皮弱势往往最终会向下突破，其原因一方面可归结为弱势的惯性；另一方面，由于人气已散，市场上看好后市的资金不多，如果没有一个较大的跌幅出现，持币者是不肯在此不伦不类的价位轻易追高入市的。所以，在上述一般性原则的基础上，还应当注意不要轻易追高进货，见反弹及时减磅。在此期间，区分反弹与向上有效突破不是很难。反弹行情中，成交量在低价位投机股上的分布较多；而向上的有效突破应当是一线优质股价升量增，并且这种股价升量增的程度须是远远大过二三线股。

情况三，盘整市出现在低价区时。

在低价区出现牛皮偏软行情是大额投资者可以趁机吸纳的大好时机。较好的做法是每次见低时分批次地少量吸纳，见高不追。也就是说，可以当成短线来做，如短线因无出货机会而被暂时套住则可越跌越买。吸纳的对象宜以优质股为主，手中如还有长期被套的投机股也最好将其换成一线优质股。

震荡市中，散户生存法则

大盘持续震荡，市场热点不一，散户往往把握不准市场中的机会。在震荡市中炒股，散户需遵循4大生存法则。

1.坚持少操作原则

在牛市中选什么股都是对的，牛市中选热门股是赚得最多的，谁涨得好就买谁，可以不断做多，这种行情在2007年三四月份的券商概念中，已经得到了充分体现。而在股市震荡、个股走上熊途的情况下，散户最好减仓兑现，减少操作。

2.选股要与时俱进

以前，日本股市从40000点跌至10000点时，大多数个股都惨不忍睹，尤其是地产股，但丰田汽车一直没怎么跌，甚至还有涨幅。美国的纳斯达克指数在科技泡沫中从5000点跌至1500点，但道琼斯指数的成分股并未出现大跌。类似的情况也发生在香港，1997年金融风暴中，恒指从16000点下跌至6000点左右时，出口股板块表现并不太差，特别是出口业务在欧美的股份，因为当时金融危机主要发生地在亚洲。

事实上，即使在A股处于熊市的时候，也有股票可做，有些股票涨得也是不错的。例如，2001年到2002年年底，中国股市一直处于大的熊市之中，但东风汽车、哈药集团、界龙实业等股票的走势就十分的牛气。

3.跳出习惯性想法

在股市上涨至6000点以上时，还有散户高歌猛进，甚至对风险提示置之不理。这是散户投资者没有从根本上改变多头思维所致，若在此时买入，熊就会一掌拍死你。事实都已经得到验证，利用习惯性想法是空头主力最后的撒手锏，出货的主力就是利用这习惯性的思维，把股民套在"支撑线"上的"空头陷阱"中。

4.不要轻易补仓

下跌趋势中买入个股被套，为摊低成本，在低位买入，谁知像踏入沼泽地，越陷越深。补仓是无奈的选择，是被动性的建仓，其成功率很低。因为股价每次的反弹都是暂时的修整。向下破位是最后的结果，补仓损失越补越大，像去救触了电的人一样，被全部击中。

在震荡市中，宁可错过也不要做错，大势所趋，不要做无谓的抵抗。如果确实经不住，要买入一些股票，可以选一些热点板块做做T+1，绝不能在股市长期蹲守。

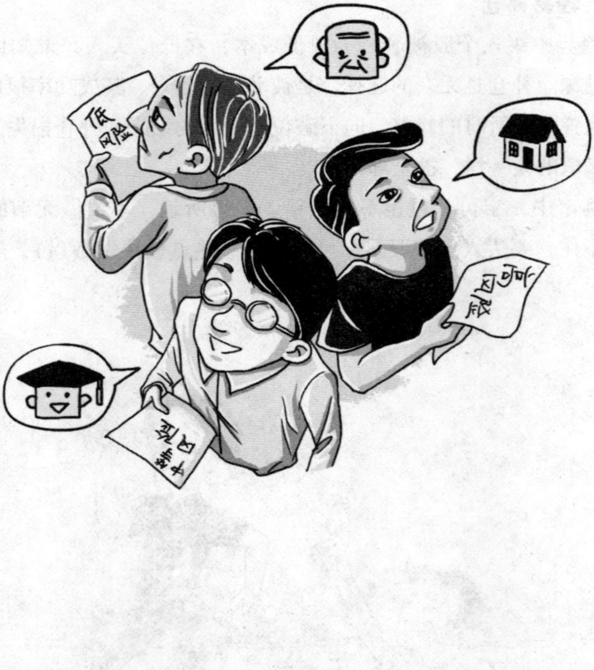
低风险

第六篇

投资基金：省心又省力

PART 01

投资基金之前，你心中有数吗

基金与其他有价证券相比的投资优势

基金同其他有价证券相比拥有其自身的优势，我们来一一解析。

1.基金与股票的差异

有的投资人将基金和股票混为一谈，其实不然。一方面，投资者购买基金只是委托基金管理公司从事股票、债券等的投资，而购买股票则成为上市公司的股东。另一方面，基金投资于众多股票，能有效分散风险，收益比较稳定；而单一的股票投资往往不能充分地分散风险，其收益波动较大，风险也较大。

2.基金与债券的差异

债券的本质是一种负债和借款证书，它是发行人的资本证券，是投资人的收益证券。债券的收益基本是一种确定的收益，它的增值有两个方面，即债券利息和资本利得。由于债券体现的是一种债权债务关系，它在二级市场上的流动性与风险性直接与债券发行单位的资信程度有关。一般来说，资信程度越高，流动性越强，风险就越小。债券的构成要素中，期限和利率是两个重要的概念，它决定了债券在有价证券市场上独特的魅力。随着债市的逐步发展成熟，债券的种类也越来越多，投资者常见的有政府债券、公司债券、金融债券、企业债券等。债券具有约束性特征,到期必须偿还,因而债券的周转率低,收益稳定,风险小,投机性弱。

但是,对于个人来说,投资债券有一些劣势。一方面,普通个人财富有限,无法通过持有大量股票进行低成本的组合管理;另外一方面,在投资股票方面,普通的个人投资者不够专业,同时精力有限,对风险的控制和承担能力不强。而证券投资基金集合大众资金化零为整并由专家管理,采用组合投资等新工具可以弥补以上两点不足。它保证了投资者资本的安全、流动、收益,并且以规模大、专家经营、组合投资等优势,帮助投资者规避了风险。

基金相对于债券的另一个主要优势在于其收益性较好,对于投资者来说,这是实实在在的益处。比如1991年,香港股票基金回报率达40.5%,远东认股权证基金回报率为37.8%,澳洲的股票基金回报率为27.7%,美国的20世纪增长投资者基金等25只基金在1976年至1981年这5年的收益增长率,最高者达465%,最低者亦达243%。中国投资基金虽起步较晚,但投资回报却普遍不错,尤其是在2006年和2007年的大好行情之下。

3.基金与银行储蓄存款的差异

由于我们国家开放式基金主要通过银行代销,许多投资者误认为基金是代销银行发行的,从而认为基金与银行储蓄存款没有太大的区别。其实两者

有本质的区别：储蓄存款代表商业银行的信用，本金有保证，利率固定，基本不存在风险；而基金投资于证券市场，要承担投资风险。储蓄存款利息收入固定，而投资基金则有机会分享基础股票市场和债券市场上涨带来的收益。同时，银行吸收存款之后，没有义务向存款人披露资金的运行情况，而是按照自身的意愿将储蓄存款的资金通过企业贷款或个人信贷投放到生产或消费领域，期间操作储户不得干涉。由于信息披露的不完善，在监管不健全的国家和地区就会经常发生贷款回收困难，最终导致储户利益损失的情况。而证券投资基金管理人则必须定期向投资者公布基金投资情况和基金净值情况，如净值公告、定期报告等，相关的损失会小很多。

投资基金前，先问3个问题

在投资之前，我们一定要先问自己3个问题：

我有房产吗？

我有余钱投资吗？

我有赚钱能力吗？

投资基金是好是坏，更多的是取决于投资者对于以上这3个问题如何回答，这要比投资者在其他的投资类刊物上读到的任何信息都更加重要。

1.我有房产吗

可能会有人说："买一套房子，那可是一笔大买卖啊！"在进行任何投资之前，你应该首先考虑购置房产，因为买房子是一项所有人都能够做得相当不错的投资。

实践证明，有些人在买卖自己的房屋时表现得像个天才，在投资基金时却表现得很差。这种情况并不让人感到意外，因为房主可以完全按照自己的意愿买卖房屋，你只要先支付20%或更少的首期房款就可以拥有自己的房屋，这样利用财务杠杆给你增添了很大的经济实力。每一次当你购买的基金价格下跌时，你就必须在账户上存入更多的现金，但是在买房子时就不会发生这种事情。尽管房屋的市价下跌了，你也不用向银行提供更多的现金。而购买基金的投资者却经常会碰到被迫赎回基金以补充保证金的情况，这是购买房屋的另外一个非常大的好处。

房地产跟基金一样，长期持有一段时间赚钱的可能性最大。人们买卖基金要比买卖房屋便捷得多，卖掉一套房子时要用一辆大货车来搬家，而赎回一只基金只需打一个电话就可以搞定。

2.我有余钱投资吗

这是投资者在投资之前应该问自己的第二个问题。如果手中有不急用的闲钱，为实现资金的增值或是准备应付将来的支出，都可以委托基金管理公司的专家来理财，既分享证券市场带来的收益机会，又避免过高的风险和直接投资带来的烦恼，达到轻松投资、事半功倍的效果。

但是，在以下情况下，你最好不要涉足基金市场：

如果你在两三年之内不得不为孩子支付大学学费，那么就不应该把这笔钱用来投资基金。如果你的儿子现在正在上高三，有机会进入清华大学，但是你几乎无力承担这笔学费，所以你很想投资一些稳健的基金来多赚一些钱。在这种情况下，你即使是购买稳健型基金也太过于冒险而不应考虑。稳健型基金也可能会在3年甚至5年的时间里一直下跌或者一动也不动，因此如果碰上市场像踩了一块香蕉皮一样突然大跌时，你的儿子就没钱上大学了。

3.我有赚钱能力吗

如果你是一位需要靠固定收入来维持生活的老人，或者是一个不想工作只想依靠家庭遗产产生的固定收益来维持生活的年轻人，自己没有足够的赚钱能力，你最好还是远离投资市场。有很多种复杂的公式可以计算出应该将个人财产的多大比例投入投资市场，不过这里有一个非常简单的公式：在投资市场的投资资金只能限于你能承受得起的损失数量，即使这笔损失真的发生了，在可以预见的将来也不会对你的日常生活产生任何影响。

确定投资期限和成本

投资期限对于正确估计投资风险和进行适当的投资配置十分重要，投资期限较长便可以采取相对积极的投资方式，比如，选择成长型股票基金；反之，就需要选择货币市场基金等近似无风险的基金品种。一般而言，在其他条件相同的情况下,建议投资者选择较长期限的投资方式,以期取得较好的投资效果。

投资者可能会问:到底多长期限算是长期投资?20年以前的茅台酒的价格在今天已经翻了好几十倍,明代上等官窑瓷器的价格可能会数以千倍计。是不是投资一定要10年、20年以上才算是长期呢?其实,长期投资并不是字面意义上的,只要长期持有,必然可以获得比较好的回报。投资期限的长短要视具体的产品而定,对于不同的投资品种来说,这个长期的尺度也是不同的。像债券投资只要做好持有到期的准备,那么在到期之前债券的涨跌风险都可以规避;股市和基金的长期投资的合理期限主要根据经济周期的走势来判断,但具有很大的弹性;而信托投资的期限则比较灵活,短至一年甚至半年,长期的可以在10年以上。长期投资期限应该与自己期望的投资期限相吻合,所以投资者在投资之前,就需要作投资目标规划,以了解自己的投资期限究竟是多长,在此基础上再选择与期限匹配的投资产品,就更具合理性了。当然,无论怎样,一般做3年以上的投资打算还是必要的,短于此期限的话,就会受到更多的投资限制。

除了考虑投资期限,我们还需考虑投资成本。

投资者可以从以下5个方面充分考虑基金投资的成本:

第一,基金购买价格上的成本。不同的基金产品,其净值是不同的,从而决定了其价格的不同,直接影响到投资者购买的成本。也就是说,是否能够运用最少的资金购买较多的基金份额,或者运用最少的资金创造最高的收益。

第二,基金进场时机上的成本。影响基金净值高低的因素众多,而不同的市场环境下,不同的投资时机,基金的购买成本是完全不同的。如在证券市场的阶段性高点购买基金及在证券市场的阶段性低点购买基金的成本是完全不同的,即使是同一基金产品,也会存在很大的差异。

第三,基金基本面成本。由于不同的基金产品,采取不同的投资策略和资产配置特点,也就呈现出了基金管理人不同的管理和运作基金的能力,从而造成基金运作上的净值差异化。这种潜在的投资成本是投资者所不能忽略的,也是决定一只基金成长性,是不是能够有效补偿基金成本的重要因素。

第四,基金投资的时间成本。作为一种专家理财产品,基金管理人管理和运作基金的能力直接决定着基金净值增长的幅度,同时也影响着投资者持有基金的时间成本。净值增长较快，将使投资者的投资周期得到缩短，从而创造更多的累积利润。相反，基金的净值增长缓慢，收益受到影响，也会在一定程度上延长投资者持有基金的时间成本。

第五，基金的创新成本。可以说，这是一种投资者容易忽略的成本。主要表现为通过基金管理人对基金产品、交易制度、收益分配创新而带来的投资成本的变化。如基金通过大比例分红、复制和拆分而带来的基金份额的变化和投资者重新选择的成本。

成本总是越小越好的，要比较大小，首先就要量化成本。基金不一定赚钱，但一定要缴付费用。比如，基金交易费用是多少，基金托管费用是多少，有没有成本更低的以及自己为这些收益所支付的成本是不是值得。对于投资者而言，至少投资收益要与支付的成本成正比。投资人要想得到专业理财服务，必须缴付申购费、认购费、赎回费、转换费等费用，但是费用过高，也不合算。这些费率水平每年基本维持不变，但基金投资于股票和债券的回报却是起伏不定的。你无法控制市场突如其来的变化，也无法控制基金组织的投资操作，但是你可以控制费用。

PART 02

认识更多基金，给你更多投资选择

货币市场型基金——高于定期利息的储蓄

货币基金是指投资于货币市场上短期有价证券的一种基金。该基金资产主要投资于短期货币工具，如国库券、商业票据、银行定期存单、政府短期债券、企业债券、同业存款等短期有价证券。

货币基金的特色是安全性好、流动性高，因为其投资的货币市场工具大多数风险较低，易于变现。货币市场基金往往被投资人作为银行存款的良好替代物和现金管理的工具，享有"准储蓄"的美誉，而其收益水平通常高出银行存款利息收入1~2个百分点，所以又被称之为"高于定期利息的储蓄"。

货币基金单位资产净值通常保持在1元。尽管这种"1元净值"并不是硬性规定和保底要求，但由于其投资的短期证券收益的稳定性，使基金经理得以经久不变地把单位净值维持在1元的水平，波动的只是基金支付的红利水平。

倘若你有1000个基金单位，那么你的基金净值就是1000元，衡量该基金表现的标准是收益率，体现在红利的多少。例如，上述投资1年后的收益率为6%，而且你选择了红利再投资，则届时你就拥有1060个基金单位，净值1060元。

上述保持1元净值的一般属于收益分配型的基金，即投资人可以选择红利再投资或者现金分红。另一类为收益积累型基金，即把红利自动转为再投资，该类型的基金中有一部分基金的净值可能在分红后调整到1元以上。

选择投资货币基金，要注意以下3个问题：

首先，要考虑流动性。一般来说，份额越大的货币基金流动性越好。以南方现金增利为例，基金份额高达410亿份，流动性风险相对较小。另外，也要综合考虑赎回后资金的到账时间早晚。

其次，要考虑安全性能。对货币基金来说，自2005年4月1日估值新规实行后，投资的安全性得到极大提高。选择时应尽量选择每天收益相对稳定的基金品种，同时还要用一段时间的累计收益来进行比较。

最后，要考虑的才是收益性。由于投资对象的同一性，除了少数几个基金外，大部分的投资收益均不相上下。考虑到货币基金20%的融资比例，合理的应在2.8%～3%之间。

股票型基金——收益与风险并存的基金

所谓股票型基金，是指以股票为投资对象的投资基金，是基金的主要种类。股票型基金的主要功能是将大众投资者的小额投资集中为大额资金，然后将其投资于不同的股票组合，是股票市场的主要机构投资者。

不论是与其他基金相比，还是与投资者直接投资于股票市场相比，股票型基金都具有很大的优势。

第一，与其他基金相比，股票型基金具有流动性强、变现性高的特点。股票型基金的投资对象是流动性极好的股票，基金资产质量高、变现容易。对投资者来说，股票型基金经营稳定、收益可观。不仅如此，封闭式股票基金上市后，投资者可以在交易所交易获得买卖差价。合约期满后，享有分配剩余资产的权利。同时，与其他基金相比，股票型基金还具有在国际市场上融资的功能和特点。就股票市场而言，其资本的国际化程度比外汇市场和债券市场低。一般来说，各国的股票基本上在本国市场上交易，股票投资者也只能投资本国上市的股票或在当地上市的少数外国公司的股票。在国外，股票型基金则突破了这一限制，投资者可以通过购买股票型基金，投资于其他国家或地区的股票市场，从而对证券市场的国际化具有积极的推动作用。从海外股票市场的现状来看，股票型基金投资对象有很大一部分是外国公司股票。

第二，与投资者直接投资于股票市场相比，股票型基金具有分散风险、费用较低等特点。对一般投资者而言，个人资本毕竟是有限的，难以通过分散投资种类而降低投资风险。但若投资于股票型基金，投资者不仅可以分享各类股票的收益，还可以通过投资于股票型基金进而将风险分散到各类股票上，大大降低了投资风险。此外，投资者投资了股票型基金，还可以享受基金大额投资在成本上的相对优势，降低投资成本，提高投资效益，获得规模效益的好处。

当然，风险与收益总是如影随形。股票型基金的收益高，但也不能因此而忽略了其风险。投资股票型基金，我们需要注意以下几个问题：

首先，看投资取向。看基金的投资取向是否适合自己，特别是对没有运作历史的新基金公司所发行的产品更要仔细观察。基金的不同投资取向代表了基金未来的风险、收益程度，因此应选择适合自己、收益偏好的股票型基金。

其次，看基金公司的品牌。买基金是买一种专业理财服务，因此提供服务的公司本身的素质非常重要。目前，国内多家评级机构会按月公布基金评级结果，尽管这些结果尚未得到广泛认同，但将多家机构的评级结果放在一起也可作为投资时的参考。

最后，面对国内市场上众多的股票型基金，投资者可优先配置一定比例的指数基金，适当配置一些规模较小、具备下一波增长潜力和分红潜力的股票型基金。

混合型基金——折中的选择

通过前面的分析可知，不论是货币基金、股票型基金，还是指数型基金、债券型基金，都是有利有弊，投资者如果在它们中间没有合意的选择怎么办？这里有一个折中的方案——混合型基金。

混合型基金是指投资于股票、债券以及货币市场工具的基金，股票投资可以超过20%（高的可以达到95%），债券投资可以超过40%（极端情况下可以达到95%）。混合型基金的风险和收益介于股票型基金和债券型基金之间，股票投资的比例小于股票型基金，因此在股票市场牛市来临时，其业绩表现可能不如股票基金。但是由于仓位调整灵活，在熊市来临时，可以降低及规避风险。

混合型基金与传统基金相比具有相当大的优势，主要体现在：

第一，牛市可以积极加大股票投资，熊市可以完全放弃股票投资。换言之，根据时机的不同，可以成为最积极的股票基金（股票投资比例可以达到净资产的80%），也可以成为最纯粹的债券基金（股票投资比例为0）。在国外成熟市场，混合型基金在投资人的资产结构中占据了相当的比例。根据美国投资公司协会2001年对共同基金家庭持有的调查显示，34%的持有人拥有混合型基金。随着中国债券市场的发展和成熟，混合型基金投资机会在国内也逐渐出现。譬如2005年债市走牛使得当年的债券基金收益一举超过了股票型基金，而债券市场吸引力的不断增强也为混合型基金树立了良好的财富效应，促进了其快速发展。

第二，风险更小、收益更稳定。由于混合型基金关于股票投资下限的规定，一般会远远低于股票型基金，这样基金经理可以通过更为灵活的资产配置策略，主动应对股指的高波动。在股市走牛时，基金可以加大股票投资力度、降低债券配置，以获取更大的投资收益；在股市下跌中，又可以反向操作，调低股票仓位，回避风险。因此，混合型基金被认为具有"进可攻、退可守"的特性，可以根据市场趋势进行大类资产的灵活配置。

值得注意的是，由于混合型基金具备投资的多样性，因此其投资策略也具备灵活性。譬如在股市走牛时，可采取加大股票投资力度以获取更大投资收益；在股市下跌中，则将采取调低股票仓位的方式应对股市下跌。因此，混合型基金尤其适合那些风险承受能力一般,但同时又希望在股市上涨中不至于踏空的投资者。

债券型基金——稳中求胜的基金

所谓债券型基金,是指以债券为主要投资标的的共同基金。除了债券之外,尚可投资于金融债券、债券附买回、定存、短期票券等,绝大多数以开放式基金形式发行,并采取不分配收益方式,合法节税。目前国内大部分债券型基金属性偏向于收益型债券基金,以获取稳定的利息为主,因此,收益普遍呈现稳定增长。

根据投资股票的比例不同,债券型基金又可分为纯债券型基金与偏债券型基金。两者的区别在于,纯债型基金不投资股票,而偏债型基金可以投资少量的股票。偏债型基金的优点在于可以根据股票市场走势灵活地进行资产配置,在控制风险的条件下分享股票市场带来的机会。

一般来说,债券型基金投资具有以下优点:

第一,不收取认购或申购的费用,赎回费率也较低。

第二,风险较小。由于债券收益稳定、风险也较小,相对于股票基金,债券基金风险低,回报率也不高。

第三,收益稳定。投资于债券定期都会有利息回报,到期还承诺还本付息,因此债券基金的收益较为稳定。

第四,注重当期收益。债券基金主要追求当期较为固定的收入,相对于股票基金而言缺乏增值的潜力,较适合于不愿过多冒险,谋求当期稳定收益的投资者。

如果你不想把投资都放在股市中,就可以考虑在组合中纳入现金或者债券。对于基金投资人来说,就可以买一些债券型基金。但投资之前至少需要关注以下几点:

第一,了解债券型基金的持仓情况。

在国内,债券基金的投资对象主要是国债、金融债和企业债等固定收益类品种,也可投资可转债甚至少量股票。为了避免投资失误,在购买前需要了解你都持有哪些债券基金。

要想了解债券型基金的持仓情况，我们可以从两方面入手：利率敏感程度与信用素质。债券价格的涨跌与利率的升降成反向关系，利率上升的时候，债券价格便下滑。要知道债券价格变化，债券基金的资产净值对于利率变动的敏感程度如何，可以用久期作为指标来衡量。久期越长，债券基金的资产净值对利息的变动越敏感。假若某只债券基金的久期是5年，那么如果利率下降1个百分点，则基金的资产净值约增加5个百分点；反之，如果利率上涨1个百分点，则基金的资产净值要遭受5个百分点的损失。

第二，选择适合的费率方式。

国内不少债券型基金都提供多种费率模式供选择。以工银强债券基金为例，该基金推出了A、B两类收费模式，两类模式对应的基金代码也不一样。主要区别是，A类有交易手续费，收取认购、申购、赎回费用，可选择前端或后端收费模式；B类则免收交易手续费，但需从基金资产中每日计提销售服务费（年费率为0.4%）。A类与B类仅仅是在收费方式上有所区别，在基金运作方面，如投资管理上，两类基金份额是合并运行、完全一致的。只不过，由于B类按日计提销售服务费，在公布基金净值时，会出现A类基金份额净值稍高于B类的情况。对此，投资人可根据自己不同的需求来选择适合自己的费率方式，能够起到降低成本、提高收益的作用。

具体来说，投资人在选择收费类型时可参考以下建议：

如果购买金额不大、持有时间不确定（两年以内）适宜选择B类。

如果购买金额在100万元以下、持有时间超过两年的投资者，适宜A类的后端收费模式。因为B类需向投资者收取每年0.4%的销售服务费，而选择A类的后端收费模式，仅收取一次性0.4%的认购费用（两年以上赎回费为零），则成本更低。

如果是500万元以上的大额投资者，适宜A类的前端收费模式。对一次性购买超过500万元以上的客户，选择A类的前端收费模式，仅需缴纳1000元每笔的认（申）购费，成本最低。

投资债券型基金时除了应该关注其持仓情况和收费标准之外，投资者至少还应该关注债券基金的业绩、风险、基金经理是谁等，这些对于投资赢利都有很大影响。

PART 03
基金定投——"懒人理财术"

基金定投有什么优势

基金定期定额投资,简称基金定投,是指投资者通过有关销售机构申请,约定每期扣款时间、扣款金额及扣款方式,由销售机构于每期约定扣款日在投资者指定银行账户内,自动完成扣款及基金申购申请的一种投资方式。

这种投资方式,俗称"懒人理财术",又称"傻瓜理财术",顾名思义,就是适合那些没有时间、没有金融专业知识的大众投资者的简易投资方式,它借鉴了保险"分期投保、长期受益"的营销模式,就是每隔一段固定时间(例如每月1日)以固定的金额(例如2000元)投资于同一只开放式基金或一个预定的基金组合。比如,你决定投资2万元买某只基金,那么按照定期定额计划,你可以每月投资2000元,连续投资10个月,也可以每月投资1000元,连续投资20个月。

对广大投资者而言,选择定期定额业务的好处是分散风险、减轻压力。在不加重投资人经济负担的情况下,做小额、长期、有目的性的投资。

第一,定期投资,积少成多。定期定额投资的金额虽小,但累积的资产却不可小觑,长期投资下来,其获利将远超过定存利息所得,而且投资期间愈长,相应的风险就越低。一项以台湾地区加权股价指数模拟的统计显示,定期定额只要投资超过10年,亏损的概率则接近零。

这种"每个月扣款买基金"的方式兼具强迫储蓄的功能，比起自己投资股票或整笔购买基金的投资方式，更能让花钱如流水的人在不知不觉中每月存下一笔固定的资金。让你在三五年之后，发现自己竟然还有一笔不小的"外快"。

第二，懒人理财，手续简便。股票市场涨跌变化快速，一般的投资大众没有大量的时间观盘，也没有专业的水平判断走势。在这种情况下，采用定期定额投资的方式不失为好的选择，这些投资者可以通过效率投资获得专业级的投资回报率。

基金定投虽然被称为"懒人理财术"，但是投资者在选择具体的基金对象时却不能偷懒，选好种子才能使财富的成果更加丰硕。

货币基金和中短债基金是首选品种。在定投业务中，货币基金和中短债基金收益比较低、风险相对小，从投资安全的角度考虑，这两者是工薪阶层首选定投的对象。

一般债券型基金和偏股型品种是提高收益不可缺少的组合。货币基金和中短债基金产品流动性、安全性较高，但收益也相应较低。为了提高收益，能承担较高风险的投资者可选择一些债券型基金和偏股型基金。对于这些品种，由于有一定的费率，更有必要精选，要多考虑基金的净值增长率、分红比率、波动等方面。

第三，平均成本，分散风险。定期定额投资计划的最大特点就是利用"逢低加码，逢高减码"的平均成本投资概念，长期不断地分期投资，也免去选择投资时机的麻烦，分散投资风险。

平均成本法就是定期投资固定金额的投资产品，分散投资时点，可因平均投资成本的效用而避免套牢亏损，避免在时机未成熟时一次性买入投资单位。用"平均成本法"来分散投资时机，只要市场未来有上涨的机会，无论下跌趋势持续多久，投资者都没必要担心回报（据统计，国际上基金长期投资平均收益率为8%）。举例来说，若你每隔两个月投资100元于某一只开放式基金，1年下来共投资6次，总金额为600元，每次投资时基金的申购价格分别为1元、0.95元、0.90元、0.92元、1.05元和1.1元，则你每次可购得的份额数分别为100份、105.3份、111.1份、108.7份、95.2份和90.9份，累计份额数为611.2份，则平均成本为600÷611.2=0.982元，而投资报酬率则为（1.1×611.2-

600）÷600×100%=12.05%，比起一开始即以1元的申购价格投资600元的投资报酬率10%为佳。

经验证明，定期定额回报率不比一次性投资差，当市场一路上涨，定期定额的回报率比一次性投资略差。当市场一路下跌，定期定额的回报率一定比一次性投资好。当市场先跌后升，定期定额的回报率大大高于一次性投资。当市场波动频繁，定期定额的回报率也可能比一次性投资高。因此，定期定额的优点主要是可以借着分批进场降低市场波动风险，比较适合长期投资理财计划，是可以随时开始的比较便利的一种投资工具。

基金定投"复利"的魔力

关于复利的魔力，不少理财书籍都曾举过这样的例子：如果你新设一家公司，只发行100股，每股10元，公司净资产1000元。一年后，公司的利润是200元，净资产收益率为20%。然后，将这些利润再投入公司，这时第一年年底公司的净资产为1200元。第二年公司的净资产收益率仍为20%，这样到第二年年底公司的净资产为1420元。如此运作79年，那么1000元的原始投资最终将变成18亿元的净资产。

复利的这种魔力同样体现在基金定投中。那么，在基金定投中，这种复利的效果从何而来呢？

在基金定投中，复利的效果主要取决于两个因素：时间的长短和回报率的高低。两个因素的不同使复利带来的价值增值也有很大不同：时间的长短将对最终的价值数量产生巨大的影响，时间越长，复利产生的增值越多。回报率对最终的价值数量有巨大的杠杆作用，回报率的微小差异将使长期价值产生巨大的差异，以6%的年回报率计算，最初的1元经过30年后将增值为5.74元，以10%的年回报率计算，最初的1元经过同样的30年后将增值为17.45元，4%的微小回报率差异，却使最终的价值差异高达3倍。

由此可知，复利效果的前提是：每年均有正报酬的获利率，才能利滚利。但任何一项投资工具报酬率都会有波动（除非投资者投资的是保本型理财产品），所以股票、基金投资未必能发挥如此惊人的复利效果，主要原因是股价、基金净值是变动的,并非像例子中那样每年都有固定的回报。

如果投资得法,仍然可以享受长期复利的效果。例如,通过基金定期定额投资法长期投资,虽然报酬率仍会有波动,但时间将分散净值波动的风险,并发挥最大的复利效果。如果第一期基金净值下跌,第二期又进一步下跌,当然就没有复利效果,因为这两期的投资根本没有获利,也就不能利滚利。但是换一个角度来看,净值下跌的时候,正是买入基金的好时机,因为同样的投入可以获得更多的基金份额,等到净值反弹时,一次就可以赚回来。

举例来说,每月固定投资2000元,基金净值连续走低,前四期分别为2元、1.6元、1.2元、1元。与此同时,基金份额迅速累积,分别为1000份、1250份、1667份、2000份。如果某一天基金净值回升到1.5元,投资本利就变成了10875元(7250份×1.5元),这就开始获利了。如果是在第一期花10000元一次性买进,那么,净值必须再回到2元才能保本,这就是定期定额投资的效力。有了这一法宝,享受长期复利就不再是梦想了。

基金定投的投资策略

基金定投理论的逻辑推理是这样的,当市场呈现上涨走势时,基金单位价格(即基金净值)相对较高,此时同额度资金买到的基金单位数量相应较少;而当市场呈现下跌走势时,基金单位价格降低,此时能够买到的基金单位数量增加。从一个较长时间段看,总投资由大量相对低位的基金份额和少量高价基金份额组成,摊薄的结果是每一单位的平均成本将会比单笔投资的单位成本低,这就减少了套牢的风险。

上面的逻辑推理似乎非常严谨,可以推导出基金定投是空头市场中很好的防御性投资方式的结论。但投资者不能忽视的一点是,是否能够取得收益在根本上仍然取决于所选择基金的投资能力；而且不同类型的基金实施定投后，也会出现明显的分化。

实践证明，并非每只基金都适合定期定额投资，只有选对投资标的，才能为投资者带来理想的回报。

1.定期定额投资最好选股票型基金或者是配置型基金

债券型基金等固定收益工具相对来说不太适合用定期定额的方式投资，因为投资这类基金的目的是灵活运用资金并赚取固定收益。投资这些基金最好选择市场处于上升趋势的时候，市场在低点时，最适合开始定期定额投资。只要看好长线前景，短期处于空头行情的市场最值得开始定期定额投资。

2.定期定额投资最好选择波动大的基金

一般来说，波动较大的基金比较有机会在净值下跌的阶段累积较多低成本的份额，待市场反弹可以很快获利。而绩效平稳的基金波动小，不容易遇到赎在低点的问题，但是相对平均成本也不会降得太多，获利也相对有限。

3.依财务能力调整投资金额

随着就业时间拉长、收入提高，个人或家庭的每月可投资总金额也随之提高。适时提高每月扣款额度也是一个缩短投资时间、提高投资效率的方式。

4.达到预设目标后需重新考虑投资组合内容

虽然定期定额投资是需要长时间才可以显现出最佳效益，但如果投资报酬在预设投资期间内已经达成，那么不妨检视投资组合内容是否需要调整。定期定额不是每月扣款就可以了，运用简单而弹性的策略，就能使你的投资更有效率，早日达成理财目标。

什么人适合基金定投

一般来说，以下投资者适合定期定额买基金：

第一，领固定薪水的上班族，尤其是那些刚走入社会的年轻上班族。上班族一般无法亲自在营业时间到金融机构办理申购手续，刚上班的青年也没有更多的积累，选择以小额资金去购买基金，采用定期定额投资计划，每月自动于银行账户中扣款，既省时又省力。

第二，有特殊需求者，如需筹备子女的教育基金、退休养老基金等。提早以定期定额投资基金，不但不会造成经济上的负担，更能让每月的小钱在未来变成大钱，不必为未来大额的资金需求烦恼。

第三，退休族。老年人最好不要将退休金都存在活期储蓄账户上或是放置在家中，要通过适当的操作实现利息最大化。比如，通过定期定额买货币基金以增加利息收益。

第四，不喜欢承担过大投资风险者，觉得股票市场起起落落、投资风险太大，难以忍受。

对于以上定期定额投资者来说，既可有效地管理自己的资产，又达到了预期的效果，所以说"定期定额投资基金"是相当省时省力的投资方法。

但是，收入不稳定的投资者则应慎用定期定额投资。这种投资方式要求按月拿出一定资金供基金公司扣款。按基金公司规定，扣款日内投资者账户资金余额不足，即被视为违约，超过一定的违约次数，定期定额投资计划将被强行终止，由此可能会给投资者带来一定的损失。所以，收入不稳定的投资者应尽量采用一次性购买、多次购买等方式来投资基金。

另外，采用定期定额的方式申购基金必须要有长期投资的打算，如果投资人在定期定额买进基金后，因某种原因而办理赎回，就无法体现"长期均摊成本"的优势，也就难以达到定期定额的投资效果。

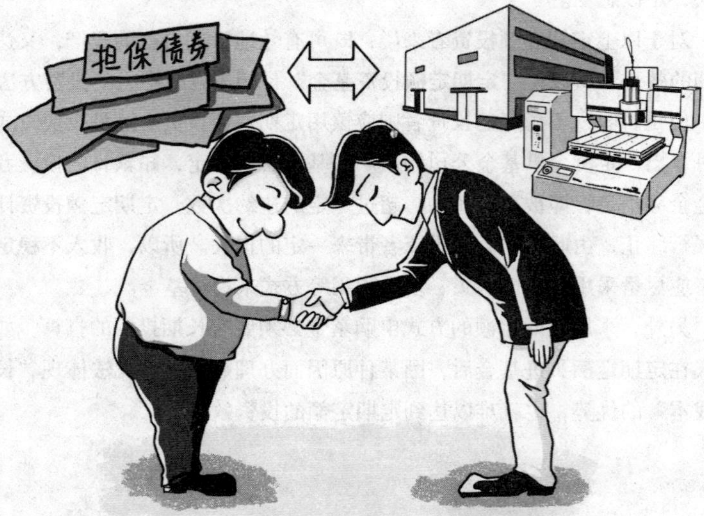
担保债券

第七篇

投资债券：
回报稳定、安全

PART 01
购买债券前必须了解的

债券投资有哪些优点

有人戏称债券是理财的天堂，认为在众多的金融产品中，债券独受宠爱，是投资者眼中较为理想的投资对象，尤其是对那些厌恶风险的投资者来说，债券简直是最好的选择。

对于投资来说，每种投资项目都有其优势，你如果不能掌握其特点，就不可能对其加以利用，扬长避短。

那么，债券到底有什么优点？

1. 较高的安全性

债券一般是由相关的机构直接向社会发行的，与企业和政府相关机构挂钩，但与它们的业绩没有联系，收益比较稳定。一般政府的债券有绝对的安全性，而对于企业的债券，只要它不违约，就能够保证投资者的利益。

2. 较好的流动性

投资者可以直接进入市场进行交易，买卖自由，变现性颇高，且不会在转让时在价值上出现很大损失。

3. 扩张信用的能力强

由于国债安全性高，投资者用其到银行质押贷款，其信用度远高于股票等高风险性金融资产。投资者可通过此方式，不断扩张信用，从事更大的投资。

4.收益性略高

对投资者来说，债券属于"比上不足，比下有余"的类型。它的收益高于银行存款，但低于股票投资。可是它又比股票投资稳定，所以很适合略趋保守的投资者。

正是因为以上这些优点，人们才愿意选择债券作为自己的投资项目。一般情况下，即使经济环境有所变化，债券的收入也大都会很稳定，不会受到太大的影响，投资者大可放心。

债券的生钱之道是什么

人们购买债券的一个重要原因是知道它能带来收益。个人投资者和投资机构一样，他们购入债券是基于两种考虑：一方面是期待在一定时期内，比如，3年、5年或者10年，甚至更长时间内有定期的利息收入；另一方面是期望能安全地保住本金。

如果你有一笔钱，然而在几个月之后就可能动用，你希望这笔钱在动用之前的几个月能为你提供利润，等要用的时候又能立即兑成现金。在这种情况下，这笔钱较好的去处是购买短期债券。债券的另一大类是长期债券。在长期债券这一类中，有几种情形可以决定投资期限的选择，包括期待的利息率，以及在这一段时间里可供使用的钱和设想的收益。

下面介绍一下短期债券、中期债券和长期债券：

（1）短期债券：偿还期限在1年以下的债券为短期债券。短期债券的发行者主要是工商企业和政府。企业发行短期债券大多是为了筹集临时性周转资金。在我国，这种短期债券的期限分为3个月、6个月和9个月。

（2）中期债券：偿还期限在1年以上5年以下的为中期债券。

（3）长期债券：偿还期限在5年以上的为长期企业债券。

一般说来，最长期的债券的利率也应该是最高的，因为它们的风险经历相当长的时间。在大多数时候，实践与理论一致，但也有一定的时期中长短期利率倒挂，这主要是对远期通货膨胀率看跌造成的。

有规则地支付利息，到期还本付息，这些都是债券吸引人的地方，但并不只限于此。它们还有另一个吸引人的特点：即使没有到期的债券，在必要时也可以很容易地兑换成现金。

但是投资债券要注意通货膨胀，即使到期时本金全数拿回，但这些钱并不见得能买到在最初购买债券时所能买到的东西。由于通货膨胀造成的购买力损失，不仅仅限于本金，通货膨胀同样也影响购买债券时的利率所得。

债券投资的种类有哪些

债券的种类繁多，且随着人们对融资和证券投资的需要又不断创造出新的债券形式，在现今的金融市场上，债券的种类可按发行主体、发行区域、发行方式、期限长短、利息支付形式、有无担保和是否记名等分为九大类。

1.按发行主体分类

根据发行主体的不同，债券可分为政府债券、金融债券和公司债券三大类。

第一类是由政府发行的债券称为政府债券，它的利息享受免税待遇，其中由中央政府发行的债券也称公债或国库券，其发行债券的目的都是为了弥补财政赤字或投资于大型建设项目；而由各级地方政府机构，如市、县、镇等发行的债券就称为地方政府债券，其发行目的主要是为地方建设筹集资金，因此都是一些期限较长的债券。在政府债券中还有一类称为政府保证债券的，它主要是为一些市政项目及公共设施的建设筹集资金，由某些与政府有直接关系的企业、公司或金融机构发行的债券，这些债券的发行均由政府担保，但不享受中央和地方政府债券的利息免税待遇。

第二类是由银行或其他金融机构发行的债券，称之为金融债券。金融债券发行的目的一般是为了筹集长期资金，其利率也一般要高于同期银行存款利率，而且持券者需要资金时可以随时转让。

第三类是公司债券，它是由非金融性质的企业发行的债券，其发行目的是为了筹集长期建设资金。一般都有特定用途。按有关规定，企业要发行债券必须先参加信用评级，级别达到一定标准才可发行。因为企业的资信水平比不上金融机构和政府,所以公司债券的风险相对较大,因而其利率一般也较高。

2.按发行的区域分类

按发行的区域划分,债券可分为国内债券和国际债券。国内债券,就是由本国的发行主体以本国货币为单位在国内金融市场上发行的债券;国际债券则是本国的发行主体到别国或国际金融组织等以外国货币为单位在国际金融市场上发行的债券。如最近几年我国的一些公司在日本或新加坡发行的债券都可称为国际债券。由于国际债券属于国家的对外负债,所以本国的企业如到国外发债事先需征得政府主管部门的同意。

3.按期限长短分类

根据偿还期限的长短,债券可分为短期、中期和长期债券。一般的划分标准是指期限1年以下的为短期债券,在10年以上的为长期债券,而期限在1年到10年之间的为中期债券。

4.按利息的支付方式分类

根据利息的不同支付方式,债券一般分为附息债券、贴现债券和普通债券。附息债券是在它的券面上附有各期息票的中长期债券,息票的持有者可按其标明的时间期限到指定的地点按标明的利息额领取利息。息票通常以6个月为一期,由于它在到期时可获取利息收入,息票也是一种有价证券,因此它也可以流通、转让。贴现债券是在发行时按规定的折扣率将债券以低于面值的价格出售,在到期时持有者仍按面额领回本息,其票面价格与发行价之差即为利息。除此之外的就是普通债券,它按不低于面值的价格发行,持券者可按规定分期分批领取利息或到期后一次领回本息。

5.按发行方式分类

按照是否公开发行,债券可分为公募债券和私募债券。公募债券是指按法定手续,经证券主管机构批准在市场上公开发行的债券,其发行对象是不限定的。这种债券由于发行对象是广大的投资者,因而要求发行主体必须遵守信息公开制度,向投资者提供多种财务报表和资料,以保护投资者利益,防止欺诈行为的发生。私募债券是发行者向与其有特定关系的少数投资者为募集对象而发行的债券。该债券的发行范围很小,其投资者大多数为银行或保险公司等金融机构,它不采用公开呈报制度,债券的转让也受到一定程度的限制,流动性较差,但其利率水平一般较公募债券要高。

6.按有无抵押担保分类

债券根据其有无抵押担保，可以分为信用债券和担保债券。信用债券亦称无担保债券，是仅凭债券发行者的信用而发行的、没有抵押品作担保的债券。一般政府债券及金融债券都为信用债券。少数信用良好的公司也可发行信用债券，但在发行时须签订信托契约，对发行者的有关行为进行约束限制，由受托的信托投资公司监督执行，以保障投资者的利益。

担保债券指以抵押财产为担保而发行的债券。具体包括：以土地、房屋、机器、设备等不动产为抵押担保品而发行的抵押公司债券、以公司的有价证券（股票和其他证券）为担保品而发行的抵押信托债券和由第三者担保偿付本息的承保债券。当债券的发行人在债券到期而不能履行还本付息义务时，债券持有者有权变卖抵押品来清偿抵付或要求担保人承担还本付息的义务。

7.按是否记名分类

根据在券面上是否记名的不同情况，可以将债券分为记名债券和无记名债券。记名债券是指在券面上注明债权人姓名，同时在发行公司的账簿上作同样登记的债券。转让记名债券时，除要交付票券外，还要在债券上背书和在公司账簿上更换债权人姓名。而无记名债券是指券面未注明债权人姓名，也不在公司账簿上登记其姓名的债券。现在市面上流通的一般都是无记名债券。

8.按发行时间分类

根据债券发行时间的先后，可以分为新发债券和既发债券。新发债券指的是新发行的债券，这种债券都规定有招募日期。既发债券指的是已经发行并交付给投资者的债券。新发债券一经交付便成为既发债券。在证券交易部门既发债券随时都可以购买，其购买价格就是当时的行市价格，且购买者还需支付手续费。

9.按是否可转换分类

按是否可转换来区分，债券又可分为可转换债券与不可转换债券。可转换债券是能按一定条件转换为其他金融工具的债券，而不可转换债券就是不能转化为其他金融工具的债券。可转换债券一般都是指的可转换公司债券，这种债券的持有者可按一定的条件根据自己的意愿将持有的债券转换成股票。

PART 02
债券交易的投资策略

在升息周期下，如何投资债券

加息后，债券类型理财产品并没有受到太多的困扰和影响，仍然受到众多投资者的关注。实际上，加息除了对中长期债券类型理财产品的困扰稍大外，投资者其实还是有很多债券类型理财产品可以选择。如果投资债券的话，继续加息后债券价格仍有下跌的风险，前期投资债券所能获得的收入可能比银行同期存款还要低，投资债券类型理财产品会不会不划算？其实加息只是宏观调控的手段之一，当前货币政策的主要目的是为了调控经济过热。尽管继续紧缩的预期仍然存在，但较之持续性的加息，上调准备金利率是主要的调控手段。因此，当前投资债券类型理财产品并不存在挑选时机的问题，关键还是看如何选择适合自己的投资品种。

目前，市场上的债券类型理财产品大致有国债、企业债、债券型基金和货币市场基金等类型，可选择的范围很大。不过，如果要投资债券理财产品，需要综合考虑后才能做出投资决策。

从投资需求来看，投资者最好从收益率、流动性以及投资风险这几个角度来综合分析。

从收益率来看，凭证式国债、货币市场基金等产品相对较为稳定；尽管企业债等债券的收益率较高，但投资者所承担的风险也相对较大。收益稳定的国债比那些结构复杂的理财产品更受稳健型投资者的青睐。在流动性方面，投资者可以多加关注货币市场基金和凭证式国债、交易所挂牌交易的债券等产品。比如，凭证式国债，其变现较为灵活，流动性较强，对于有加息预期的投资者而言，此类产品更有吸引力。从风险方面看，风险最小的当属凭证式国债，其余依次为货币市场基金、债券型基金以及企业债等。只有结合这些产品的特点，从自己的需求出发，才能正确地选择最适合自己的债券类型理财产品。

尽管债券类型理财产品相对于投资股票而言风险要小得多，但并不能保证投资该类型产品就不存在风险。投资债券类型理财产品，投资者目前最需关注的就是货币政策方面的风险。

因此，投资债券的投资者必须提前估算好风险的大小。以投资凭证式国债为例，尽管国债被称为"金边债券"，但如果遇到再次加息，收益很可能会"缩水"。根据财政部的规定，发行期内如果遇到存款利率调整，尚未发行的国债票面利率将在利率调整日按3年期、5年期银行储蓄存款利率调整的相同百分点做同向调整。然而发行期过后，国债利率就不能与储蓄利率同步调整。因此，投资者很可能会遇到加息后自己所投资国债的收益和存款相差无几的尴尬。

从以往的经验来看，债券收益的变动往往要比加息"慢半拍"，所以投资者在购买　　　时最好能考虑　　　到加息的因素。在现在这种不确定的情况之下，投资者最好

还是选择短期债券类型理财产品或者流动性较强的产品。对于那些购买了流动性较好的产品的投资者来说，及时调整自己的投资品种就显得非常重要。如此次加息后，如果投资者手中持有的国债购买时间不长、离兑付期限尚有一段较长的时间，提前兑付原来购买的国债并重新购买加息后利率上调的国债就会更划算。

而对于机构投资者来说，处于利率上升期的阶段时，只有选择更短期限的债券，以便于配合升息步骤来实现收益与损失的平衡，追逐更有利于自身投资安全性的合理收益。这种操作模式使得机构投资者在银行间市场上具有相当大的雷同性，造成目前市场中需求一致、操作一致，热券更热、冷券更冷的局面。

与此同时，在投资债券采用市值评估方式来衡量的情况下，升息通常会有两种方式被大家采用，一是快速减少债券投资总量，二是保持投资总量，但缩短债券整体久期。这两种方式都将以实现当期亏损为代价，快速降低债券资产的利率风险。这是理想化的操作模式，在实际操作中，会遇到很多问题：

首先，由于目前债市投资者操作的同向性造成的债券流动性严重不足，更会加剧损失，而这种损失并不是每个机构都能够承受的。

其次，这种操作带来的再投资选择面窄且集中，会进一步降低投资收益以及带来新的投资风险。

综上所述，处于利率上升期的阶段时，机构投资者和散户都有必要调整投资策略，增强投资科学决策手段，体现不同类型机构的散户自身资产负债匹配需求，充分发挥债券市场功能，实现投资人合理的投资回报。

熊市之下的债券投资策略有哪些

随着加息周期的来临，人们较普遍地预期我国的中长期利率将呈现上升的趋势，债券投资市场结束了长期的牛市局面。所以，为规避债券投资的利率风险，战略性地降低债券投资组合的期限非常必要。

由于我国的债券市场运行时间不长，我们还没有真正经历过完整的债券市场周期，熊市下收益率曲线将如何演绎我们并无经验可循，但美国的情况可以给我们提供一定的借鉴。通过对历史数据的考察我们发现，美国国债收益率呈现明显的规律性运动特征。经济周期处于扩张初期，国债长短期收益率利差扩大，经济扩张中期达到最大。扩张初期，利差在1.5%～2.5%的概率是56.4%。在进入扩张期后12个月，利差在1%以上的概率为80.97%，在1.5%～3%的概率为44.7%。这主要是因为短期收益率一般受市场即期利率、资金供求的影响较大，而长期收益率则要受未来经济的增长状况、通货膨胀因素、流动性溢价和未来资本回报率等不确定性因素的影响。由此看来，我国债券市场的调整似乎才刚开始。

因此，投资者应该采取与降低组合周期的战略相一致的思路，即应重点关注债券短期品种。另外要适当增加企业债在组合中的权重。因为债券投资的收益或风险主要来自两方面，一是利率；二是信用。在利率成为主要风险来源的情况下，信用就将成为主要的利润来源。一般而言，对于相同期限不同票面利率的债券，利率高的抗利率风险能力强。同时，我国的企业债的信用等级很高，违约风险极小。

我们既然不能卖空国债，就只能做多企业债。虽然我国目前上市企业债的信用等级没有拉开，因而收益率也没有拉开，但相对于国债来说，企业债已经体现了一定的信用等级差异以及相应的收益率差异，所以在弱市下应该适当增加企业债在组合中的权重。

积极利用套利交易增加赢利套利交易，不论在债券强市和弱市都是可用的策略，然而在弱市条件下，套利尤显重要，因为这是在有效规避风险情况下获取收益的手段。此外，可以预见，我国未来国债市场利率将处在变动期，相对频繁而较大的利率变动将为套利操作提供更多的机会，因为套利需要的前提条件就是利率短期内的失衡以及重新获得平衡。

套利的机会来自两方面：一是跨市套利，即利用我国债券市场分割的现状，发现交易所市场与银行间市场可跨市交易的相同品种收益率的差异，如果该差异大到足以抵偿交易成本并有赢利，那么理论上就可以进行套利操作；二是跨期套利，即利用一定时期内不同期限券种收益率的失衡性差异，同时买卖这些券种。例如，经过近段时期的收益率调整，交易所市场出现了5年期品种收益率低于部分3年期品种的失衡状况。这时从套利操作的角度出发，我们就可以买入3年期品种，卖出5年期品种，直到它们的收益率结构回归均衡。

虽然我国债券市场尚未具有远期、期货或期权等金融避险工具，但由于债券品种的创新，某些类型的债券自身嵌含有期权的因素，因而也在一定程度上具有了避险的功效，在弱市环境下它们特别值得关注。

（1）浮息债。在缺乏规避利率风险有效工具的情况下，浮息债是较好的投资品种，它实际上相当于嵌含了一个利率的看涨期权。

（2）可转债。可转债被人们称为"进可攻、退可守"的投资工具，因为它嵌含了一个对基础股票的看涨期权。同时，可转债设计条款中通常包含的回售条款和转股价修正条款，也是对投资人利益的一定保护。

（3）可回售债。可回售债相当于嵌含了对该债的看跌期权，因而它是债券弱市状态下较好的防御型投资品种。

债券放大操作的投资策略选择

为了增加债券投资收益，投资者开拓了很多方法，放大操作就是其中之一。常见的放大操作方式是投资者通过回购融资，扩大持券规模，从而获取持券与融资成本的利差收益。

放大操作相关的损益主要包括两部分。一是利差，只要融入资金买进债券的收益率高于回购利率，就可以获取持有期的利差收益。二是资本利得，若所持债券的净价在放大操作期间出现上涨，则可以获取价差收益。

一般来讲，资本利得在不同的市场环境下各有正负。在牛市中所持债券净价不断上涨，因而可以获取价差收益，资本利得为正；在熊市中，情况则恰好相反，资本利得为负。

在不同市场环境下，利差收益的绝对值与变化趋势各有特点。以一年期央票与银行间市场7天回购利率之差作为衡量利差空间的指标，剔除因资金面短期波动所带来的利差异常点，对该指标进行分析，可以发现，利差自2006年3月至今均值约为65bp，在不同市场环境下波动较大。例如，2007年上半年，债券市场呈现单边下跌走势，利差一直保持高位，均值约为90bp。而在2008年下半年，债市上涨较快，利差均值仅为20bp。从利差的历史波动规律来看，利差绝对额在牛市中较小，在熊市中较大。短债的收益率和回购利率主要是由债市资金面决定，一年期央票利率和7天回购利率在波动上基本同步。因此两者利差的变化，可以看作是债券市场内部的资金分配问题，也就是投资者在两者之间的偏好问题。牛市当中，在做多冲动的作用下，回购资金的需求较多、利率不易快速下降，同时债券的收益率下降较快，二者利差缩小。在熊市当中，债券投资者对于现金的偏好程度高于牛市，并且持有现金为随时进入股票等其他市场提供了便利，因此回购资金供给充裕、利率较低，债券收益率却存在上升趋势，二者利差扩大。

综合两方面因素的分析，在不同的市场环境下，放大操作的收益构成并不相同。在牛市中，资本利得贡献较大，利差收益贡献较小，但获取的实际利差不断增加；在熊市中，资本利得为负，利差收益贡献较大，但获取的实际利差不断减少。

无论在何种市场环境下，放大操作都可能为投资者带来超额投资收益。

在牛市中，因放大操作获取的实际利差不断扩大，并且资本利得为正，因此操作策略上具有很强的自由性。机构可以根据自身的流动性要求和风险承受能力去配置套利品种：如果对流动性要求较高，则可以选择中短期利率品种，虽然资本利得和利差都比较有限，但可以随时获利了结；

如果对流动性要求较低，则可以选择中长期利率品种或短期信用品种，获取较多的资本利得和更高的利差收益。

在熊市当中，放大操作的难度会有所加大，策略上需要相对谨慎。可以选择的策略包括：一是以短久期的品种作为套利对象，可以是剩余期限处于考核期内的短期信用品种，因其能够规避市场下跌的风险，只要保证在持有期利差为正即可获取超额收益；也可以是利率风险较低的浮息债，其票面利率不断跟随市场情况调整，能够基本锁定利差。二是结合融资和利率掉期操作，买入对应的浮息债券，基本锁定利差。

当前宏观经济稳步向好，CPI同比涨幅转正后还将继续回升。采取稳健的放大操作策略有助于增加投资收益。

PART 03
金边债券——国债投资

国债

国债，这个名词大家都不会陌生，尤其是那些中老年朋友。他们比较保守的理财观念使得国债在多年前曾风靡一时。那时候，最流行的名词就是"国库券"。不过，后来随着金融改革，"国库券"退出了人们的视野，直到1981年我国恢复发行国债后，才又一度掀起购买国债的浪潮。人们之所以这样欣赏它，主要是因为它的低风险，以及确定期限，持有人可以到期收回本金和利息。这在那个追求安稳的年代，无疑是投资的上好选择。时代发展到今天，国债还是有它独特的魅力，依旧受人追捧。

国债又称公债，是政府举债的债务，具体指政府在国内外发行债券或向外国政府和银行借款所形成的国家债务，中央政府向投资者出具的、承诺在一定时期支付利息和到期偿还本金的债权债务凭证。

它是国家信用的主要形式，在国家资金紧张或者需要进行经济上的宏观调控时，都会发行国债。例如，在通货膨胀的时候，政府为了减少流通中的货币，就有可能采取财政上的措施，发行大量的国债。由于国债具有国家财政信誉作担保，信誉度是非常的高，历来有"金边债券"之称，为稳健型投资者所喜爱。

国债主要有3种：凭证式国债、无记名式（实物）国债、记账式国债。

1.凭证式国债

它的性质是一种国家储蓄债,可记名、挂失。它以"凭证式国债收款凭证"记录债权,但不能上市流通,并从购买之日起计息。在持有期内,持券人如遇特殊情况需要提取现金,可以到购买网点提前兑取。提前兑取时,除偿还本金外,利息按实际持有天数及相应的利率档次计算,经办机构按兑付本金的2‰收取手续费。

2.无记名式(实物)国债

它的性质是一种实物债券,以实物券的形式记录债权,面值不等,不记名,不挂失,但可上市流通。在发行期内,投资者可直接在销售国债机构的柜台购买。在证券交易所设立账户的投资者,可委托证券公司通过交易系统申购。发行期结束后,实物券持有者可在柜台卖出,也可将实物券交证券交易所托管,再通过交易系统卖出。

3.记账式国债

它的性质是以记账形式记录债权,通过证券交易所的交易系统发行和交易,它可以记名、挂失。投资者进行记账式证券买卖,必须在证券交易所设立账户。由于记账式国债的发行和交易均为无纸化,所以效率高、成本低,交易安全。

选择什么样的国债

目前,我国个人投资者可购买的国债共分两大类:一类为可上市国债,包括无记名国债和记账式国债两种;另一类为不可上市国债,主要是凭证式国债。

凭证式国债并非实物券,各大银行网点和邮政储蓄网点均可购买,由发行点填制凭证式国债收款凭单,内容包括购买日期、购买人姓名、购买券种、购买金额、身份证号码等。凭证式证券不能上市交易、随意转让，但变现灵活，提前兑现时按持有期限长短取相应档次利率计息，各档次利率均高于或等于银行同期存款利率，没有定期储蓄存款提前支取只能按活期计息的风险，价格（本金和利息）不随市场利率而波动。凭证式国债类似储蓄又优于储蓄，通常被称为"储蓄式国债"，是以储蓄为目的的个人投资者理想的投资方式。

记账式国债又称无纸化国债，通过交易所交易系统以记账的方式办理发行。投资者购买记账式国债必须在交易所开立证券账户或国债专用账户，并委托证券机构代理进行。因此，投资者必须拥有证券交易所的证券账户，并在证券经营机构开立资金账户才能购买记账式国债。和凭证式国债不同，记账式国债可上市转让，价格随行就市，有获取较大利益的可能，也伴随有相当的风险，期限有长有短。

凭证式国债和记账式国债特点各异，投资者可结合自身情况进行取舍。但有业内专家指出，后者实际上比前者收益更高。

首先，从利率（收益率）来看，凭证式国债虽然比银行利率高，但却比记账式国债低。

其次，从兑取成本来看，假定记账式国债在交易所流通的手续费与凭证式提前兑取的手续费同为2%，但记账式国债可以按市价在其营业时间内随时买卖，而凭证式国债持有时间不满半年不计利息，持有1年以后按1年为一个时段计付利息，投资者如提前兑取，须承担未计入持有时间的利息损失。

购买国债也并非如人们想象的那样只赚不赔，如果操作不当，不仅不能获利，而且还可能带来一定的经济损失。假设一投资者5月1日购买当年二期凭证式国债，他选择3年期共购进10000元。半年后，因急需用钱，该投资者持券到原购买点要求提前兑付。根据有关规定，应按年利率0.81%计算，可得利息41元，再扣除按2%计收的手续费20元，实际回报21元。与同期银行储蓄相比，他实际少收入28.5元。凭证式国债持有期越短，相对"损失"就越大。仍以上述投资者为例，假设他于6月1日购买，一个月后提前兑付，根据有关规定，购买期限不满半年不予计息，而且仍应向银行支付手续费20元，与同期银行储蓄存款相比较，投资者实际损失已近30元。就凭证式国债而言，投资期限在一年以内的，都不如选择同期银行储蓄存款。

此外，还有无记名国债。无记名国债为实物国债，是我国发行历史最长的一种国债。投资者可在各银行储蓄网点、财政部门国债服务部以及承销券商的柜台购买,缴款后可直接得到由财政部发出的实物券或由承销机构开出的国债代保管单。有交易所账户的投资者也可以委托证券经营机构在证券交易所内购买。无记名国债从发行之日起开始计息,不记名也不挂失,一般可上市流通。

了解了以上几种国债,投资者可以按照自己的偏好和风险承受度来选择适合自己的国债品种。

怎样进行国债交易

国债交易需要一定的策略。记账式国债虽然与凭证式国债均有固定的利息收入,但是价格在波动,这就意味着如果低买高卖,就能赚取差价。与股票不同,国债的波动总会在一个合理区域内,因此能够赚取的差价收益远小于股票,但风险也要小得多。

由于国债对利率较为敏感,买入的时机不一定选择在发行时,投资者完全可以等到国债出现大幅下跌之后再考虑买入。由于其面值为100元,利息是固定的,因此一旦价格跌破100元,相应的实际收益就会提高。例如,2003年发行的7期国债,发行面值100元,票面年利率2.66%,但由于目前交易价格仅为89.1元,因此实际年利率达到了4.73%。

在国债市场要成功做到低买高卖,就一定需要重点考虑同期限品种的实际收益率。比如,如果市场7年期的实际利率均在3%,而目前有一只7年期国债的实际收益率却达到了5%,由于其实际收益率高,在选择同样品种时,投资者应买入5%的7年期国债。由于买的人多,而卖的人少,其实际收益率就会逐步向3%靠近,价格就会出现上涨,如果以此作差价,就能在短时间获得2%的收入。

另外,对国债影响较大的是利率,如果市场对于银行利率的增加反应较为强烈,则国债价格将下跌,风险最大的是长期债;反之,利率如果有下降,长期债会受到追捧。

PART 04

没事多注意——债券投资中的若干事项

是什么在影响债券投资收益

 这个标题就说明了投资债券不是一个收益绝对稳定的项目，你很难取得一个固定值，而是在大多数情况下遇到一个变动的量。如果你对债券投资理解得还不够深，你可能无法明白为什么。

 其实，债券的投资收益主要由两部分构成：一是来自债券固定的利息收入，二是来自市场买卖中赚取的差价。这两部分收入中，利息收入是固定的，而买卖差价则受到市场较大的影响。那么在市场上，是什么在影响债券的收益呢？

1.债券的票面利率

 债券的票面利率因为发行者的信用度不同、剩余期限不同等原因而各有

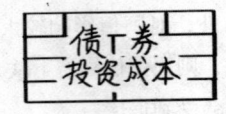

差异。一般，债券票面利率越高，债券利息收入就越高，债券收益也就越高。反之，则收益越低。

2.银行利率与债券价格

由债券收益率的计算公式可知，银行利率的变动与债券价格的变动呈反向关系，即当银行利率升高时，债券价格下降；银行利率降低时，债券价格上升。

3.债券的投资成本

根据成本与收益原理，成本高了，收益自然会降低。而在债券投资中，成本大致有购买成本、交易成本和税收成本三部分。购买成本是投资人买入债券所支付的金额，交易成本包括经纪人佣金、成交手续费和过户手续费等。要想收益高，就要注意降低相关的成本。

4.市场供求、货币政策和财政政策

微观的市场供求关系，宏观的国家货币政策和财政政策都会对债券价格产生影响，从而影响到投资者购买债券的成本。因此，这三个因素也是我们在考虑投资收益时不可忽略的。

5.通货膨胀率

一般，通货膨胀率越高，债券的收益就越低，资金也就会被无形地损耗；而通货膨胀率降低时，债券的收益就会相对高些。

现今，人们理财投资的意识逐渐确立起来，对于不同投资项目的收益率变化分析及其影响因素的分析越来越仔细，对较小的利益也开始追逐。而债券就是那较小利益的一种。但债券贵在其自身的低风险，所以仍然吸引了不少投资者。

债券市场风险分析与防范

试问,在投资的一切形式里,能没有风险这两个字吗?不能,所以,你就不要妄想投资债券能为你规避所有的风险。从某种角度看,实际上,世界上没有不存在风险的事物。

债券,作为一种金融投资工具,它的风险主要有以下几种:

1.利率风险

利率风险是指利率的变动导致债券价格与收益率发生变动的风险。这主要与国家的宏观经济调控有关系。

为了减小这种风险带来的损害,你应当在债券的投资组合中长短期配合。不论利率上升或者下降,都有一类可以保持高收益。

2.价格风险

债券市场价格常常变化,若其变化与投资者预测的不一致,那么,投资者的资本将遭到损失。这点,就是债券本身带有的风险。要规避它,就只能靠投资者的眼光和长远的谋划。

3.违约风险

在企业债券的投资中,企业由于各种原因,比如,管理不善、天灾人祸等,可能导致企业不能按时支付债券利息或偿还本金,而给债券投资者带来损失的风险,这就存在着不能完全履行其责任的可能。

为了减少这种风险,投资者在投资前,不妨多了解一下公司经营情况,再参看一下相关部门对企业的信用评价,然后再做决策。

4.通货膨胀风险

债券发行者在协议中承诺付给债券持有人的利息或本金的偿还,都是事先议定的固定金额。当通货膨胀发生时,货币的实际购买能力下降,就会造成在市场上能购买的东西相对减少,甚至有可能低于原来投资金额的购买力。

对于这种风险,你最好在投资国债时,也投资一些其他的理财项目,如股票、基金等。

5.变现风险

这是指投资者在急于转让时,无法以合理的价格卖掉债券的风险。由于投资者无法找出更合适的买主,所以就需要降低价格,以找到买主。为此他就不得不承受一部分金钱上的损失。

针对这种风险，你最好尽量选择流动性好的，交易活跃的债券，如国债等，便于得到其他人的认同，也可以在变现时更加容易。

6.其他风险

（1）回收性风险。有回收性条款的债券，因为它常常有强制收回的可能，而这种可能又常常发生在市场利率下降、投资者按券面上的名义利率收取实际增额利息的时候，投资者的预期收益就会遭受损失。

（2）税收风险。政府对债券税收的减免或增加都会影响投资者对债券的投资收益。

（3）政策风险。指由于政策变化导致债券价格发生波动而产生的风险。例如，突然给债券实行加息和保值贴补。

如何管理与控制债券风险

债券投资的最大特点就是收益稳定、安全系数较高，同时又具有较强的流动性。稳健的投资者们往往放弃股票投资的高收益，摒弃银行储蓄的低利息，进行债券投资之处就在于此。因此，继收益性之后，安全性便成为债券投资者普遍关注的最重要问题。

债券作为债权债务关系的凭证，它与债权人和债务人同时相关，作为债务人的企业或公司与作为债权人的债券投资者就债权与债务关系是否稳定来说，起着相同的作用，任何一方都无法独立防范风险。企业或公司作为债券的发行者所采用的确保债券安全、维持企业或公司信誉的措施堪称预防措施，是防范风险的第一道防线。而对于投资者来说，正确选择债券、掌握好买卖时机将是风险防范的主要步骤。

1.债券投资风险防范的预防措施

对债券的发行做出种种有利于投资者的规定是重要的一步。在发达国家如日本，法律规定公司债券发行额都有一定的限额，不能超过资本金与准备金的总和或纯资产额的两倍。

金融债的限额一般规定为发行额不能超过其资本金和准备金的5倍。债券发行一般是由认购公司承担发行，安全系数高的债券当然容易被认购，这对企业或公司本身也是一种约束。

同时，企业或公司都有义务公开本公司财务、经营、管理等方面的状况，这种制度对企业或公司无疑起到监督和促进作用，对投资者也是一种保护。

2.债券投资风险防范措施

（1）选择多品种分散投资。这是降低债券投资风险的最简单办法。不同企业发行的不同债券，其风险性与收益性也各有差异，如果将全部资金都投在某一种债券上，万一该企业出现问题，投资就会遭受损失。因此有选择性地或随机购买不同企业的各种不同名称的债券，可以使风险与收益多次排列组合，能够最大限度地减少风险或分散风险。这种防范措施对中小户特别是散户投资者尤为重要。因为这类投资者没有可靠的信息来源，摸不准市场的脉搏，很难选择最佳投资对象，此时购买多种债券，犹如撒开大网，这样，任何债券的涨跌都有可能获益，除非发生导致整个债券市场下跌的系统性风险，一般情况下不会全亏。

采用这种投资策略必须注意一些问题：首先，不要购买过分冷门、流动性太差且难于出手的债券，以防资金的套牢。其次，不要盲目跟风，抱定不赚不卖的信心，最终才有好收益。最后，特别值得注意的是必须严密注视非经济性特殊因素的变化，如政治形势、军事动态、人们心理状态等，以防整个债券行市下跌，造成全线亏损。

（2）债券期限多样化。债券的期限本身就孕育着风险，期限越长，风险越大，而收益也相对较高；反之，债券期限短，风险小，收益也少。如果把全部投资都投在期限长的债券上，一旦发生风险，就会猝不及防，其损失就难以避免。因此，在购买债券时，有必要多选择一些期限不同的债券，以防不测。

（3）注意做顺势投资。对于小额投资者来说，谈不上操纵市场，只能跟随市场价格走势做买卖交易，即当价格上涨人们纷纷购买时买入；当价格下跌时人们纷纷抛出时抛出，这样可以获得大多数人所能够获得的平均市场收益。这种防范措施虽然简单，也能收到一定效益，但却有很多不尽如人意之处。

必须掌握跟随时间分寸，这就是通常说的"赶前不赶后"。如果预计价格不会再涨了，而且有可能回落，那么尽管此时人们还在纷纷购买，也不要顺势投资，否则价格一旦回头，必将遭受众人一样的损失。

（4）以不变应万变。这也是防范风险的措施之一。在债券市场价格走势不明显、此起彼落时，在投资者买入卖出纷乱，价格走势不明显时，投资者无法做顺势投资选择，最好的做法便是以静制动，以不变应万变。因为在无法判断的情况下，做顺势投资，很容易盲目跟风，很可能买到停顿或回头的债券，结果疲于奔命，一无所获。此时以静制动，选择一些涨幅较小和尚未调整价位的债券买进并耐心持有，等待其价格上扬，是比较明智的做法。当然，这要求投资者必须具备很深的修养和良好的投资知识与技巧。

（5）必须注意不健康的投资心理。要防范风险还必须注意一些不健康的投资心理，如盲目跟风往往容易上当，受暗中兴风作浪、操纵市场人的欺骗；贪得无厌，往往容易错过有利的买卖时机。

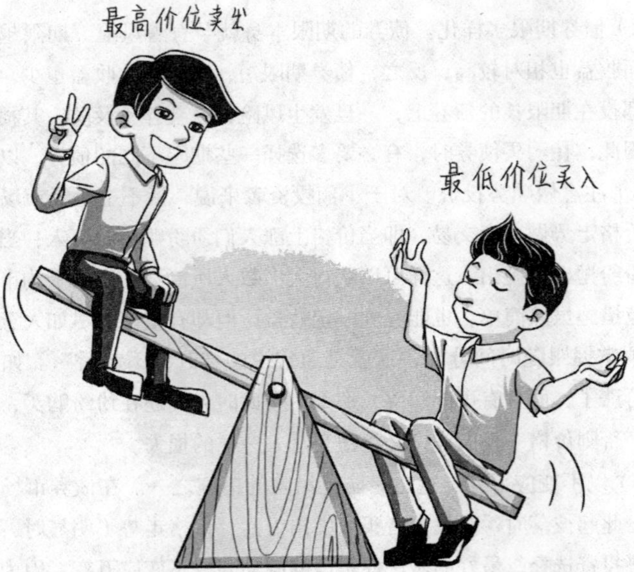
最高价位卖出
最低价位买入

第八篇

投资外汇：真正以钱赚钱

PART 01
外汇——聚敛财富的新工具

外汇交易是一种概率游戏

外汇交易是一种金融投资,因为风险巨大,所以每次交易要如履薄冰,要像作战一般做到"知己知彼,知天知地",对各种优劣条件做出充分估计,考虑到各种影响因素,然后制订作战计划,交易中也是如此。

由于外汇交易中涉及的情况都是非确定性的,所以概率和统计的思想在交易中占据着核心地位,在思维习惯上我们必须坚持以概率思维进行交易,以统计思维进行评估。桥牌和国际象棋,以及赌博都是这样。

那么,如何培养概率和统计思维呢?首先,在交易系统的设计中要利用历史数据对系统进行检验得出各种统计特征,比如,最大单笔亏损,以及胜率等等,只有凭借大量的统计数据得出的检验结论才能形成优良的交易系统。接着,利用新的行情数据对已经初步建立的交易系统进行外推检验,并根据统计结果对系统进行针对性的检验。然后,在正式交易中利用交易日志对系统进行定期的修正和改进。另外,在非自动化交易和多系统综合分析中涉及一个概率分析,也就是说,当诸多矛盾因素合成时,必须在赋予不同因素的不同权重的基础上进行交易决定,而这涉及概率和潜在风险以及报酬分析。

由于交易系统的胜率存在改进的余地,导致我们存在朝着100%胜率迈进的冲动,这种冲动有两个误区:

第一，胜率100%不是持续成功交易的决定性因素，很多成功的交易员胜率不足50%，但仍然能以可观的速度积累利润。相反，很多胜率很高的交易者却因为一两笔单前功尽弃，关键的原因在于，每笔赚的要多，每笔亏的要少，也就是单笔最大亏损要小，平均赢利比平均亏损要大。追求胜率是一个新手的主要冲动，其实在交易中有很多试探性的举动，这些举动必然有很多都是亏损的，但赢利的那单必定能在弥补了所有的亏损后还能带来丰厚的赢利，就像期货交易中的突破一样，虽然假突破占了多数，但我们很难区分突破的真假，所以即使是假突破，在事前我们不知道的情况下，多半还是要进去，因为毕竟相比损失而言，潜在的利润是丰厚的。

第二，追求胜率会导致模型的过度优化，也就是增加太多限制条件来力图囊括所有的数据。我们在宣传中经常看到胜率在90%多以上的交易软件，其实这明显是过度优化的伎俩，其中的流程是这样的：首先根据数据建立交易系统，然后将交易系统不能阐释的数据找出来，接着在交易系统中加入新的规则使得这些数据能够得到说明。随着这个过程的持续，几乎所有的数据都得以在交易系统中得到阐释，而每段行情都可以抓住，这个系统在这段数据上表现完美，但如果运用在其他数据段上要么发不出信号，要么错误信号太多。这就是过度优化。一般来说，胜率超过90%就存在过度优化的伎俩。

通过何种方式进行外汇实盘买卖

外汇实盘买卖的方式主要有两种：

1. 市价交易

市价交易，又称时价交易，即根据银行当前的报价即时成交；在时价交易时，投资者知道自己的心理目标，在打通电话后，问清汇价，立即做出买卖决定。市场的价格是在不断变化的，需要投资者当机立断，犹豫之间就会错失良机。

同时，由于市价交易是即时交易，在确认交易后，就即时成交了，不得更改。

2. 限价交易

限价交易，又称挂盘交易，即投资者可以先将交易指令留给银行，当银行报价到达投资者希望成交的汇价水平时，银行电脑系统就立即根据投资者的委托指令成交。

在限价交易中，汇民可以指定成交价格，一旦市场价格达到或优于你指定的价格，银行就按你指定的价格成交。同时还可以设定止损价，在有的市场可以挂止损单。

止损价是指防止亏损或保障赢利，在某个价位若突破，就视为后期的走势对我不利，达到此价位就平掉手上的头寸，这个价格就是止损价。

外汇买卖的技巧

任何事物的发展都有一定的规律，外汇市场的变化也不例外。因此，投资者可以根据外汇市场的变化规律运用一些技巧来获得收益。

1. 利上加利

利上加利，即在汇市对自己有利时追加投资以获取更大利益。但投资者必须对行情判断准确，并且坚定信心。例如，当汇市朝着预测的方向发展，且已升到你预测的某个点时，本来出手即可获利，但如果你不满足于这点小小的利润，并坚信汇价还会上涨，而且也无任何表明汇价将下跌的迹象，则应加买，扩大投资额。如果行情接着高涨，那么，即使不能全胜，但大胜已是确定无疑了。同样道理，当汇市明显下落的时候，也可以采用加利技巧，只不过需要改变交易位置罢了。

2. 自动追加

当汇市比较平稳，没有大的波动，而只在某一轴心两边小幅度摆动，即汇市处于盘局时，便可以采用自动追加技巧。具体操作是：当你已确认汇市处于盘局时，便在最高价位卖出而在最低价位买入，如此反复操作。表面上看，这种操作似乎违背顺势而为的做法，而且每次获利不多，但因为多次反复操作，收益是积少成多，总的利润是相当可观的。

3. 积极求和

当入市后，发觉市势向相反方向运动，则必须冷静，认真分析所出现的情况，不可盲目交易。如果你经过认真分析后，确认市势已经见底，不久即可反弹，便可一直追买下去。这样，等到汇价反弹时，便可以逐步获利。即使汇价反弹乏力，也可以抓住机会打个平手。

4. 双管齐下

如果确认行情是上下起伏波动，呈反复状态，则可以在汇价升到高价位时追买，当汇价跌至低价位卖出，以平掉开始入市时的淡仓而套取利润，同时用再一次的高价位点入市以平掉前次的追仓获得。这样不仅没有亏损，反而有利可图，这种双管齐下的技巧（即低价位时卖出而高价位时买进），实际上是以攻为守和以守为攻的技法。但运用这一技巧时必须小心，绝不可多用，因为一旦汇市趋势呈单边状况而不是反复波动，就会无法套利平仓。

PART 02
投资前的预热——外汇投资的准备

了解炒汇基本术语

1. 直盘和交叉盘

直盘是指非美货币与美元比率的货币对,我们主要交叉的直盘货币对包括:美元/日元,欧元/美元,英镑/美元,美元/瑞郎,澳元/美元,美元/加元。

交叉盘则是指美元之外的货币相互之间的比率,比如,欧元/日元,欧元/英镑,英镑/日元,欧元/澳元等等。

2. 多头、空头

大家常听到的做多、做空,Long、Short,这些成对的术语,前面一个词

都是表示买进某个货币对的看涨合约,后者都是指买进某个货币对的看跌合约。买进某个货币对的看涨合约之后,称之为该货币对的多头;买进某个货币对的看跌合约之后,称之为该货币对的空头。

比如,我们常说的:持有欧元/美元多头头寸,即表示已经在此前买入了欧元/美元,现在处于持有状态。

3.头寸、平仓

头寸,也称为部位,确切的概念应该是市场约定的合约。应用说明:投资者买入了一笔欧元多头合约,就称这个投资者持有了一笔欧元多头头寸;如果做空了一笔欧元,则称这个投资者持有了一笔欧元空头头寸。当投资者将手里持有的欧元头寸卖回给市场的时候,就称之为"平仓"。

4.揸、沽

源于粤语,分别是做多和做空的意思。

5.波幅、窄幅波动

波幅是指汇价一段时间内的最高价和最低价之间的幅度,比如,单日波幅指某个交易日汇价的最高价和最低价之间的幅度。我们在了解某个货币的习性的时候,需要注意观察这个货币的常规波幅,不要经常性地做超出常规波幅的判断,以减少分析的准确率。

窄幅波动,一般指一段时间内汇价的波幅处于30点以内。窄幅波动的内在含义是汇价短线处于酝酿过程,往往刚刚经历了一轮波幅比较大的走势,出现窄幅波动是在为下一轮较大波幅走势积蓄动能。

6.支撑、阻力

支撑和阻力都是技术分析中的基本术语,在日常分析和操作中会经常用到。

支撑，表示某货币对在向下运行的过程中可能遭遇买盘支持的价位；阻力，则是某货币对在上涨过程中可能遭遇卖盘打压的价位。支撑和阻力价位可能由趋势线产生，也可能由百分比分割产生，还可结合多种分析方法进行推断。

关键的支撑和阻力价位往往能起到确认汇价运行方向的效果。

7.突破、假突破

突破往往指对关键支撑或者阻力价位的越过走势，对汇价接下来的运行节奏有指示意义。而假突破则是指汇价越过了关键的支撑或者阻力价位，但是很快又回到突破前的价格范围内，并能表明汇价不会按照突破的指示意义继续运行。

8.反抽

又叫回抽，是指在突破某些关键的支撑或者阻力价位之后，汇价再回撤到原来的支撑或者阻力价位附近的过程，此后汇价再按照突破的方向运行。

9.空头回补，多头回补

空头回补是指某货币对的多头拉动汇价突破某关键阻力，导致的空头做出的被动离场行为，空头的离场自然会以买入多头头寸为实际行为，这样做的结果是推动汇价进一步向多头有利的方向运行。

多头回补则刚好与空头回补相反，是多头头寸持有者离场的行为，推动汇价向空头有利的方向运行。

当汇价越过关键阻力或者支撑的时候，空头回补或多头回补一旦发生，可能引发速度较快的短线行情。

10.止损

离场的一种方式，主要目的是为了保护资金安全，在市场走势与判断有差异时，需要及时地止损离场，避免损失无谓地扩大。学会及时止损是在外汇市场生存的必要技能，止损的放置基本原则是放在关键支撑的下方、关键阻力的上方。

11.基本面、技术面

基本面分析和技术面分析是外汇走势分析的两大方法，其中基本面分析主要分析的是全面的经济、政治、军事等数据，它们是决定汇率长期走势的根本因素，借助基本面分析主要有利于把握汇率走势的大方向；技术面分析重在借助技术指标来分析汇率运行的阶段性趋势、节奏、价位、支撑阻力等，并以此来指导操作。

12. 交割日

外汇即期或远期交易的结算如期，我们更经常地在外汇期货、期权的交易中用到，交割日在其到期日之后的约定日期，而我们最常见的外汇实盘和保证金交易都是采取当日为交割日，所以一般不会用到这个名词。

个人外汇实盘买卖需要交纳的费用

一般来说，各种金融商品买卖，除了价差之外，投资人还必须额外负担佣金或手续费。但是外汇交易是免佣金的，交易费用主要产生于投资者选择的银行和交易工具。

所以，汇民在进行个人实盘外汇买卖时只需按照公布的外汇牌价进行买卖即可，不需另外交纳交易手续费。

除了外汇买卖外，很多金融产品的买卖都需要交纳一定的手续费。譬如，股票的交易需交纳：印花税（交易金额的1‰）、过户费（交易股数的1‰）、交易佣金（最高为交易金额的3‰）、其他费用。

债券交易也需交纳一定的费用：在交易所进行交易，国债免佣金，其他债券则每一手债券（10股为一手）在价格每升降0.01元时收取的起价为5元，最高不超过成交金额2‰的佣金；企业债券还要缴纳占投资收益额20%的个人收益调节税。

期货交易也有费用：手续费基本上在0.2‰～0.3‰左右，加上经纪公司的附加费用，一般来说，单次买卖手续费还不足交易额的1‰。

个人实盘外汇买卖对交易金额的特殊规定

个人实盘外汇买卖客户通过柜台进行交易，最低金额一般为100美元，电话交易、自助交易的最低金额略有提高,无论通过以上哪种方式交易,都没有最高限额。为了最大限度地为客户提供优惠,部分银行的最低金额在50美元或更优惠的水平。

同时,很多银行对个人实盘外汇买卖的大额交易都有优惠。

譬如,根据国际市场惯例,中国银行对大额交易实行一定的点数优惠,即在中间价不变的基础上,缩小银行买入价和卖出价的价差。实行大额优惠的具体条件,由各分行视自身情况而定。

外汇交易的盈亏计算

1.机会成本

任何投资都是需要计算机会成本的,外汇投资当然也不例外。

所谓机会成本,通俗地理解就是假如我们不做这项投资,而把资金另外安排所可能赚取的收益。这个另外安排的投资方式必须是非常稳妥的,几乎可以认为是无风险的投资,这种几乎无风险的投资我们一般可以认为是银行的存款。

比如,美元一年的存款利率是3%,那么我们在其他市场投资或者说进行外汇交易的时候,如果一年的收益率小于3%,仍然是亏损,达到3%才刚好达到了平手,毕竟我们在进行外汇交易的时候付出了风险,所以只有得到更大的收益才能算是物有所值。

2.实盘交易的盈亏计算

实盘外汇买卖的盈亏计算与股票基本一致,是1:1的实际买卖。

比如,某投资者在1.1900价位用10万美元买入欧元,后平仓于1.2100,赢利200点,赢利金额为:100000美元/1.1900×1.2100-100000美元=1680.67美元;如果平仓价位在1.1800产生亏损,则亏损金额为:100000美元/1.1900×1.1800-100000=-840.34美元,即亏损了840.34美元。

计算公式为:

本金/买入汇率×卖出汇率-本金=盈亏金额

3.外汇保证金的盈亏计算

外汇保证金交易是一种合约交易,所以它的盈亏计算方式与实盘有很大的差异。这里采用放大比例为100倍的杠杆交易进行说明，100倍放大比例是海外保证金交易最常见的比例，而风险大小并不取决于倍数，只取决于投资者所采用的仓位的大小。

（1）做多。比如，某投资者在1.1900价位做多欧元，仓位为1个标准单（占用保证金1000美元），后平仓于1.2100，赢利200点，欧元每点价值10美元。赢利金额为：（1.2100-1.1900）×10=2000美元。

如果亏损，上述头寸平仓于1.1850，那么亏损金额为：（1.1850-1.1900）×10×1=-500美元。

计算公式为：

每点价值×（平仓价-入场价）×仓位=盈亏金额

（2）做空。比如，某投资者在1.1900价位做空欧元，仓位为1个标准单（占用保证金1000美元），后平仓于1.1800，赢利100点，欧元每点价值10美元。赢利金额为：（1.1900-1.1800）×10×1=1000美元。

如果亏损，上述头寸平仓于1.1950，那么亏损金额为：（1.1900-1.1950）×10×1=-500美元。

计算公式为：

每点价值×（入场价-平仓价）×仓位=盈亏金额

不同货币的每点价值也有所差异，比如，欧元、英镑、澳元等货币标准单每点价值都是10美元，而日元、瑞郎、加元的标准单每点价值均不到10美元，交叉盘的每点价值也分别不同。

在保证金交易的盈亏计算中，如果持仓过夜，还应考虑到各个货币的隔夜利息差异。就某个货币对而言，做空低息货币/高息货币，可以得到隔夜利息，做多低息货币/高息货币需要付出隔夜利息；做多高息货币/低息货币可以得到隔夜利息，做空高息货币/低息货币需要付出隔夜利息。隔夜利息是会经常变动的，主要由资金在国际市场上的信贷需求和各货币的自身利率决定。

PART 03
熟悉经典的汇市K线

K线三角形形态

K线又称阴阳线、棒线、红黑线或蜡烛线,就是将各种外汇每日、每周、每月的开盘价、收盘价、最高价、最低价等涨跌变化状况,用图形的方式表现出来。

在K线的诸多形态中,三角形形态是非常经典的一种。

在K线图中,典型的三角形形态一般会出现正三角形、上升三角形、下降三角形三种。

1.正三角形形态

正三角形又被称为"敏感三角形",不易判断未来走势,从K线图中确认正三角形主要要注意以下条件:

(1)三角形价格变动区域从左至右由大变小,由宽变窄,且一个高点比一个高点低,一个低点比一个低点低。

(2)当正三角形发展至形态的尾端时,其价格波动幅度显得异常萎缩及平静,但这种平静不久便会被打破,汇价将会发生变化。

正三角形态时我们该如何操作呢?

由于正三角形的形成是由多空双方逐渐占领对方空间,且力量均衡,所以从某种角度说,此形态为盘整形态,无明显的汇价未来走向。在此期间,由于汇价波动越来越小，技术指标在此区域也不易给出正确指示。故投资者应随市场而行，离场观望。

2.上升三角形形态

上升三角形，其趋势为上升势态，从形态上看，多方占优，空方较弱，多方的强大买盘逐步将汇价的底部抬高，而空方能量不足，只是在一水平颈线位做抵抗。

由于上升三角形属于强势整理，汇价的底部在逐步抬高，多头买盘踊跃，而大型投资机构也趁此推舟，一举击溃空方。如果大型投资机构在颈线位出货的话，汇价回跌的幅度也不会太大，最多会跌至形态内低点的位置，而将上升三角形形态破坏，演变为矩形整理。

3.下降三角形形态

下降三角形同上升三角形一样属于正三角形的变形，只是多空双方的能量与防线位置不同。下降三角形属于弱势盘整，卖方显得较积极，抛出意愿强烈，不断将汇价压低，从图形上造成压力颈线从左向右下方倾斜，买方只是将买单挂在一定的价格，造成在水平支撑线抵抗，从而在K线图中形成下降三角形形态。

所以，在下降三角形形态出现时，投资者不可贸然将支撑线当作底部区域，更不可贸然吃货，等到真正底部出现时再进场不迟。

应引起高度重视的三只乌鸦形态

汇市K线中还有一种形态需要引起汇民的高度注意，那就是三只乌鸦形态。三只乌鸦的意思是3根向下的阴线持续下跌，后市看淡。它是红三兵的反面"副本"，在上升趋势中，三只乌鸦呈阶梯形逐步下降，当出现三只乌鸦的组合形态，表明当前市场要么靠近顶部，要么已经有一段时间处在一个较高的位置了，出现此类K线形态一般表明股价后势将进一步下跌。

三只乌鸦出现在下跌趋势启动之初，空头取得优势并开始发力，务必注意这种K线成立的前提，是发生在下跌趋势成立的初期。在下跌趋势的末端，有时也会有三连阴的K线形态，但这与三只乌鸦无神似之处。

三只乌鸦形态的特征是：

（1）在上升趋势中连续3天出现长阴线。

（2）每根阴线的收盘价都低于前一天的最低价。

（3）每天的开盘价在前一天的实体之内。

（4）每天的收盘价等于或接近当天的最低价。

对于三只乌鸦，我们务必注意其交易策略：

（1）如果看见三只乌鸦形态，一般可以酌情建立起突破跟进的空单。

（2）第一天多为观望期，此时市场不明朗，市场信心不强烈，后市走向把握度不高。第二天，三只乌鸦形态雏形已现，可考虑轻仓建空。止损可设在重要阻力区之上。第三天，三只乌鸦形态确立，可进场建空。

K线组合

K线图中蕴含着丰富的东方哲学思想，以阴阳之变反映出多空双方的力量对比。但是单根K线的表现力度比较弱，不足以反映市场的连续变化，K线组合才能详尽地反映出一段时间内多空双方的力量对比转化。

K线组合就是指多根K线组合在一起形成的图形。比较经典的K线组合主要有以下几种：

1. 连续跳空阴阳线

这种组合是指一根阴线之后又一根跳空阴线。当出现这种组合时，表明空方全面进攻已经开始。如果出现在高价附近，则下跌将开始，多方无力反抗；如果在长期下跌行情的尾端出现，则说明这是最后一跌，到逐步建仓的时候了。要是第二根阴线的下影线越长则多方反攻的信号越激烈，阳线则相反。如果在长期上涨行情的尾端出现，则是最后一涨（缺口理论中把这叫作竭尽缺口），第二根阳线的上影线越长，越是要跌了。

2. 跳空阴阳交替K线

一阳加上一根跳空的阴线，说明空方力量正在增强。若出现在高价位，说明空方有能力阻止股价继续上升。一阴加一跳空阳线则完全相反。多空双方中多方在低价位取得一定优势，改变了前一天空方优势的局面，今后的情况还要由是在下跌行情的途中，还是在低价位而定。

3. 两阴和两阳

连续两根阴线，第二根的收盘不比第一根低，这说明空方力量有限，多方出现暂时转机，股价回头向上的可能性大。两阳正好相反，它是空方出现转机，股价可能将向下调整。如前所述，两种情况中上下影线的长度直接反映了多空双方力量大小的程度。

PART 04
"攻"于技巧——外汇买卖的制胜之道

如何建立头寸、斩仓和获利

"建立头寸"是开盘的意思。开盘也叫敞口，就是买进一种货币，同时卖出另一种货币的行为。开盘之后，长了（多头）一种货币，短了（空头）另一种货币。选择适当的汇率水平以及时机建立头寸是赢利的前提。如果入市时机较好，获利的机会就大；相反，如果入市的时机不当，就容易发生亏损。

"斩仓"是在建立头寸后，所持币种汇率下跌时，为防止亏损过高而采取的平盘止损措施。例如，以1.60的汇率卖出英镑，买进美元。后来英镑汇率上升到1.62，眼看名义上亏损已达200个点。为防止英镑继续上升造成更大的损失，便在1.62的汇率水平买回英镑，卖出美元，以亏损200个点结束了敞口。有时交易者不认赔，而坚持等待下去，希望汇率回头，这样当汇率一味下滑时会遭受巨大亏损。（剖析主流资金真实目的，发现最佳获利机会）

"获利"的时机比较难掌握。在建立头寸后，当汇率已朝着对自己有利的方向发展时，平盘就可以获利。例如，在1美元等于120日元时买入美元，卖出日元；当美元上升至122日元时，已有2个日元的利润，于是便把美元卖出，买回日元使美元头寸轧平，赚取日元利润；或者按照原来卖出日元的金额原数轧平，赚取美元利润，这都是平盘获利行为。掌握获利的时机十分重要，平盘太早，获利不多；平盘太晚，可能延误了时机，汇率走势发生逆转，不盈反亏。

金字塔式加码的优越性

在账户出现浮动利润、走势仍有机会进一步发展时加码，是求取大胜的方法之一。加码属于资金运用策略范畴。

增加手中的交易，从数量而言，基本上有3种情况：第一种是倒金字塔式，即是每次加码的数量都比原有的旧货多；第二种是均匀式，即是每次加码的数量都一样；第三种是金字塔式，即是每次加码的数量都比前一批合约少一半。

如果行情是一帆风顺的话，那么上述3种处理都能赚钱。如果行情逆转的话，这三种处理哪种比较科学、哪种比较合理就立见高下了。

假设我们在1920元买入大豆合约，之后价格一路上扬，随后在1955元加码，到2005元又再加码。又假设手头上的资金总共可以做70手合约，如果以上述3种方式分配，就会产生3个不同的平均价。

（1）倒金字塔式：在1920元买10手，1955元买20手，2005元买40手，平均价为1978元。

（2）均匀式：在1920元、1955元、2005元3个价位都买入同等数量的合约，平均价为1960元。

（3）金字塔式：在1920元买40手，1955元买20手，2005元买10手，平均价只为1942元。

如果大豆期价继续上扬，手头上的70手合约，均匀式加码比之倒金字塔式每吨多赚18元的价位；金字塔式加码更是比倒金字塔式多赚36元的价位。赚也是金字塔式的优越。

反过来，如果大豆期价出现反复，升破2010元之后又跌回1965元，这样一来，倒金字塔式由于平均价高，马上由赚钱变为亏钱，原先浮动利润化为乌有，且被套牢；均匀式加码虽勉强力保不失，也前功尽弃；唯有金字塔式加码的货由于平均价低，依然有利可图。

做空头时也是同样道理。在高价空了货跌势未止时加码，也应一次比前一次数量要减少，这样，空仓起点时的数量保持最大，最后一次加码数量最少，维持金字塔式结构，这样平均价就比较高，在价格变动中可以确保安全。

巧用平均价战术

在外汇买卖的一般策略中,平均价战术被很多人奉为经典,不少专业书刊、训练教材都有介绍,相当一部分交易者亦以这套战术来从事外汇买卖。

平均价战术的要点是:当汇价于A点时,根据所搜集的资料判断行情会上升而买入,但可能基于某些因素而暂时下跌。故当汇价下跌至B点时,更应买入(因原有资料显示行情会上升),这总体买入的价位就是A点与B点之间的平均价,比A点低。一旦行情涨回A点,便可反败为胜。依照这个策略,如果行情从B点继续下跌,则C点再买,再跌又在D点再买。总之平均价越拉越低,只要市价回升至平均价以上则可获利丰厚。跌市做法亦同此理。

这套战术是否确实可行呢?虽不排除有时会成功的可能,但基本上是相当危险的。首先,这种做法属于逆市而行,并非顺市而行,既然在A点买入后而行情下跌,已证明了原先认为大市会升的判断是错误的。"不怕错,最怕拖"是外汇交易的首要原则。无论你信心有多大,只要你手上的单子出现浮动损失,就应按事前设好的止损点迅速认赔出场。如果太坚持自己最初的看法,一而再、再而三地逆市投入,只会招致越来越大的损失。外汇保证金交易是信用扩张100倍以上的交易,当你在B点再买时,你要先补足在A点买入的浮动损失;又跌在C点再买时,又要先补足在A点和B点买入加起来的浮动损失。这样就不是什么两套本钱、三套本钱所能应付的。有些人没有想到这一点,往往资金预算无法控制,半途就被断头。

有人说,如果拥有充裕的资金,在小幅震荡的行情中可以利用这一招平均价战术,但遇到周期险转势,这套平均价战术就变成了担沙填海,等于踏上不归路。所以,尤其对于新手来说,平均价战术真的不可乱用。

PART 05

"守"于准则——外汇投资的保本之学

不要在赔钱时加码

在形势好的时候,加码可能将利润放大;而在形势不好的时候,加码则容易促成亏损的加重,那投资者为什么会选择在亏损的时候加码呢?原因很简单,有些投资者眼看赔钱,便想在汇价下跌的过程中趁低买入一笔,企图拉低前一笔的汇价,并在其反弹之时一起平仓,弥补亏损。这种操作思维其实也无可厚非,但问题是如果汇价总不回头的话,等待你的无疑就是恶性的亏损了。在这样的情况下,万一你的账户资金不够充足的话,爆仓也就不足为怪了。

以欧元/日元的操作为例,某投资者于某年2月26日在160.05价位买入了一手欧元/日元,之后汇价也不负众望,不断地向高点攀升。不过,连日来的上冲让欧元筋疲力尽,终于在2月27日当汇价抵达161.37的高点时来了个急转身,大幅下挫至161的下方。虽然事已至此,但由于对汇价的反弹仍抱有一定的希望,该投资者并没有急于平仓出场。相反,他还在2月28日汇价下破160的时候加仓——又买入了0.5手的欧元/美元,企图在其相对底部获得机会。可"天下事不如意十之八九",汇价不仅没有"回头"的意愿,还接连破了159、158。这时,投资者只能看着那离买入价越来越远的汇价黯然神伤,并且追悔不及。只是一切都已成为事实,唯一的挽救方法就是斩仓,以免在资金不足的情况下让爆仓来解决一切问题。

当然，其中不乏幸运者的存在，现实生活中也有在亏损的时候加码而最终赢利的例子，但不可否认的是，他们所承受的压力也会随之加大。所以，投资者在外汇保证金交易中若是碰上这样的问题，尽量不要在赔钱的时候加码，以免得不偿失。

切勿"亏生侥幸心，赢生贪婪心"

外汇市场价位波动基本可分为上升趋势、下跌趋势和盘档趋势，不可逆势做单，如果逆势单被套牢，切不可追加做单以图扯低平均价位。大势虽终有尽时，但不可臆测市价的顶或底而死守某一价位，市价的顶部、底部，要由市场自己形成，而一旦转势形成，是最大赢利机会，要果断跟进……这些顺利做单的道理，许多散户投资者都知道，可是在实际操作中，他们却屡屡逆市做单，一张单被套几百点乃至一两千点，亦不鲜见，原因何在呢？一个重要的原因是散户由于资本有限，进单后不论亏、盈，都因金钱上的患得患失而扰乱心智，失去了遵循技术分析和交易规则的能力。

散户大群在做错单时常喜欢锁单，即用一张新的买单或卖单把原来的亏损单锁住。这种操作方法是香港、

台湾的一些金融公司发明的,它使投资者在接受损失时心理容易保持平衡,因为投资者可期待价位走到头时打开单子。

实际上,散户投资人在锁单后,重新考虑做单时,往往本能地将有利润的单子平仓,留下亏损的单子,而不是考虑市场大势。在大多数情况下,价格会继续朝投资者亏损的方向走下去,于是再锁上,再打开,不知不觉间,锁单的价位便几百点几百点地扩大了。

解锁单,无意中便成了一次次的做逆势单。偶尔抓准了一两百点的反弹,也常因亏损单的价位太远而不肯砍单,结果损失还是越来越大。

大概每个投资者都知道迅速砍亏损单的重要性,新手输钱都是输在漂单上,老手输钱也都是输在漂单上,漂单是所有错误中最致命的错误,可是,散户大群还是一而再、再而三地重复这一错误,原因何在呢?原因在于散户大众常常凭感觉下单,而"大户"则常常按计划做单。

散户盲目下单导致亏损,垂头丧气,紧张万分之余,明知大势已去,还是存侥幸心理,优柔寡断,不断地放宽止蚀盘价位,或根本没有止蚀盘的概念和计划,总期待市价能在下一个阻力点彻底反转过来,结果亏一次即足以大伤元气。

和这种亏损生侥幸心相对应的散户心理,是赢利生贪婪心。下买单之后,价位还在涨,何必出单?价位开始掉了,要看一看,等单子转盈为亏,更不甘心出单,到被迫砍头出场时,已损失惨重。

许多人往往有这种经验:亏钱的单子一拖再拖,已亏损几百点,侥幸回到只亏二三十点时,指望打平佣金再出场,侥幸能打平佣金时,又指望赚几十点再出场……贪的结果往往是,市价仿佛有眼睛似的,总是在离你想出单的价位只有一点点时掉头而去,而且一去不回。

亏过几次后,便会对市场生畏惧心,偶尔抓准了大势,价位进得也不错,但套了十点八点便紧张起来,好容易打平佣金赚十点二十点后,便仓皇平仓。

亏钱的时候不肯向市场屈服,硬着头皮顶;赚钱的时候像偷钱一样不敢放胆去赢,如此下去,本钱亏光自然不足为奇。

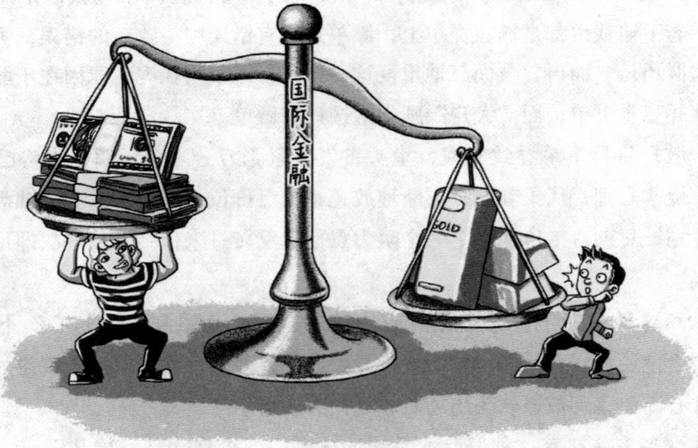
国际金融
GOLD

第九篇

投资黄金:
财富保值增值的选择

PART 01
走进金世界，开始淘金

黄金独特的投资优势

黄金是人类最早发现并利用的金属之一，它的稀缺性，使得各个朝代的人都视其为贵重物品、财富的象征。而在千百年后的今天，在投资市场上，投资者们仍十分喜欢购买黄金。因为黄金不仅由于其本身的稀缺性而有较高的商业价值，而且有着令所有人倾倒的美学价值。正因如此，黄金投资有它独特的优点。

1.无风险

单纯从风险上看，黄金投资基本没有风险，所以是良好的财产保值、增值的方式之一。因为它的世界货币地位和为国际所认可的流通能力，使它可以打破地域和语言的限制，在各个国家内使用。在这个世界上，没有人不认识黄金——有了黄金，就等于有了永恒的财富。因此，黄金可以用来抵抗通货膨胀及政治动荡等因素造成的对财富的影响。于是，很多投资者将黄金作为投资对象之一。而黄金之所以能够抵抗通货膨胀，主要是因为它具有高度的流通性，全球的黄金交易每天24小时进行，黄金是最具流通能力的硬体资产。

2.无折旧

无论何种投资，主要目的不外乎是使已拥有的财产保值或增值，即使不能增值，最基本的也应维持在原有价值水平上。但是，如果财产价值逐渐减少

第九篇　投资黄金：财富保值增值的选择 | 165

的话，就完全违背了投资目的。黄金就不必担心这点，它不会有折旧的问题。

3.流通无阻

黄金是流通性良好，并能在世界上通行无阻的投资工具。这点只需要举个例子就可以说明——只要是纯度在99.5%以上，或有世界级信誉的银行或黄金运营商的公认标志与文字的黄金，都能在世界各地的黄金市场进行交易。

4.投资必备

没有一种投资理论不强调黄金投资的重要性，它们都会建议投资者尽量利用投资组合来进行投资，并且投资组合必有的一项就是黄金。尤其是在政局动荡不安，或者经济萧条的年代，黄金才是最能保值的东西。

5.收藏价值

如今我国黄金市场上关于奥运会的纪念金条、金砖等金制品都已经全面推出，它们都经过工艺化、艺术化的加工，图案精美，极富收藏价值。

个人炒金可通过银行开户交易。目前对于个人投资者，银行黄金投资业务主要有3种，分别是账户金、个人实物黄金买卖和个人实物黄金投资。

账户金又称纸黄金，只能投资，不能提取实物，账户金适合中短期投资。中国银行（简称中行）、中国工商银行（简称工行）和中国建设银行（简称建行）均提供账户金代理业务。

个人实物黄金买卖是指为银行代销黄金公司产品，投资者能提取黄金实物，但仅高赛尔公司有回购业务。中国工商银行、中国建设银行、招商银行、中国农业银行则在网点柜台代销招远、高赛尔等黄金公司产品。

个人实物黄金投资是指

代理银行得到上海黄金交易所授权,代理交易业务,投资者既能通过交易系统低买高抛,也可提取实物金,但金交所不设回购。华夏银行、兴业银行、深圳发展银行、中国工商银行上海分行提供个人实物黄金投资代理服务。

把钱放在银行里,只能越存越少;投资房产,流动性太差;用来炒股,很多人又难以承担高额的风险;此时炒金则成了普通投资者最理想的选择。

揭开中国黄金定价的奥秘

在我国黄金统收专营的管理体制中,是国家行政定价,原定价权属于国务院,定价权下放归属中国人民银行。2001年以前,黄金定价的原则是在历史金价的基础上,根据生产成本的变化小步逐年上调金价。2002年10月2日,上海黄金交易所正式运行,金价在交易的过程中形成,原行政定价及周报价制度废止。上海黄金交易所采用的价格是参照国际黄金价格,根据国内供求关系,通过计算机交易系统自由报价,按照时间优先、价格优先的原则撮合形成的。

2008年,黄金期货在上海期货交易所上市。此后,许多境内黄金投资者,都养成了看着外盘做内盘的习惯。因为上海黄金期货的价格几乎完全跟着COMEX(纽约商品交易所)走,可以说是纽约金价的"影子"。

从交易时间上看,上海期货交易所的开盘时间,在纽约市场开盘之后,沪金开盘价主要由纽约期金的开盘价决定;纽约市场收盘后,其电子盘继续,沪金收盘价又追随电子盘的波动。大陆期货的研究表明:上海期金价格波动与国内黄金供需变动的关系不大,主要是受外盘的影响。上海期金与纽约期金开盘价同涨同跌,存在极大的相关性,相关系数达0.94。

期货是纽约金价的"影子",国内黄金现货则是伦敦金价的"影子"。伦敦黄金市场是世界上最大的现货黄金交易市场,其每天的金价都深刻影响着世界黄金现货的价格。国内"影子"般的金价,意味着黄金定价权的旁落。

在黄金价格方面,中国的价格一直充当"影子"的角色,主要是中国没有黄金定价权。中国黄金产量2008年首次超越南非,成为世界第一产金大国,这一纪录一直保持至今。同时,中国也是世界上最大的黄金消费国。然而极不相称的是,世界黄金定价权一直牢牢掌握在欧美市场手中。这种局面,与澳大利亚垄断铁矿石价格,欧佩克决定全球石油价格,形成了鲜明对比。

谋求黄金定价权,究竟有什么意义?黄金并非普通商品,它同时具有货币、金融两种属性。争取其定价权,有利于提高我国在国际金融市场的地位,昭示中国的影响力。当然,谋求定价权并非只是为了"面子",更是为了"里子"。谋求黄金定价权,有利于保持人民币汇率的稳定,为将来人民币国际化打下坚实的基础。任何一种主权货币成为世界各国信任的通用货币,必然需要强大的黄金储备作为基础。黄金市场价格的影响力将直接决定我国黄金储备的价值和交易成本,争取定价权尤为重要。

预测黄金价格的三大方法

对于黄金投资者而言,最关心的问题莫过于黄金价格了。对价格的准确判断是赢利的基础,然而黄金是兼具商品和货币双重属性的特殊产品,它的价格走势有什么特点,其价格又如何准确预测?

在介绍预测黄金价格的方法之前,可以先总结一下多年来黄金价格走势的基本特点,这样才能对预测黄金价格的方法会有一些较好的理解和把握。目前,我们公认的黄金价格走势特点为:

首先,从超长时段来看,黄金价格基本上是持续上涨的。黄金与信用货币的各自特性决定了以信用货币标记的黄金价格长期来看必然上涨。另外,1944年布雷顿森林体系建立后,以美国为首的西方国家纷纷采用了以信用泡沫刺激经济增长和作为配置资源的手段,从而导致了在第二次世界大战后国际经济体系内累积的信用泡沫越来越多,进一步加大了黄金价格上涨的内在动力。

其次，趋势一旦形成，则多年不会逆转。黄金可以说是世界货币，其美元价格的长周期变化趋势反映了世界地缘政治格局和国际经济、世界货币体系的重大变化，而这种内在决定因素的变化往往是长周期的，一旦发生变化，则将延续多年。黄金价格机制的上述特点直接决定了黄金价格走势的特点，即黄金价格的趋势一旦形成，则在相当长的时间内都不会变化。还有，突发事件影响较大，一般情况下单位时间内的波幅较小。

最后，黄金价格对重大事件会提前反映。黄金价格的转折或重大变化往往能够对重大地缘政治事件、国际经济金融事件的发生做出提前反映。

根据这些年来黄金的历史趋势，可以总结出黄金的预测方法：

1. 根据供需变化预测

众所周知，把握供需平衡点是预测金价的利器，了解黄金的供需情况就能把握黄金的特点，进而掌握金价的走向。

从黄金的商品属性来看，近年来国际黄金的供给（矿产金和再生金）保持在3300吨左右，制造用金（包括首饰需求）的需求为3700吨，由于矿产金有7~8年的投资周期，所以金价上涨的刺激很难在短期内促使国际矿产黄金的供给增加，对黄金的需求也比较稳定。

供需间的缺口则由官方售金和投资需求来填补，投资需求受金价的影响很大。近20年来，受到黄金非货币化进程的影响，官方售金成为一股不受金价影响的决定性力量。

例如，1999年，当金价在270美元/盎司的低谷时，英国等国大量抛出黄金储备；而在2002年、2003年金价开始上升时，很多国家又反过来增加了黄金储备；又如"华盛顿协议"后，欧洲各国每年达到400吨稳定的抛售量等。

由此可以看出，决定黄金基本面变化的因素主要是官方对黄金储备的态度，这取决于黄金货币职能的强弱，它在不同历史时期的表现也不同。就像当前国际货币体系不稳定，黄金的货币职能就强些，官方减少售金量，需大于求，金价不断上涨。

对供需的预测能使我们很好地把握金价的长期走势，更能运用在对黄金企业股票的预测上。例如，在上海证券交易所上市的山东黄金（600547）股票，行业特点决定了其每年的产金成本和产量变化不会很大，那么，山东黄金提高每股收益的途径只有两个：一是等待金价上涨，通过计算可以得知，目前的产能金价每上涨10元,山东黄金的每股收益就能提高0.18元,所以,根据每季度的平均金价,基本上就能预测山东黄金的季报结果;二是通过收购金矿迅速提高产量。如果这两个因素有很大变化,山东黄金的投资价值无疑将更上一层楼。

2.根据美元走势预测

美元走势和金价息息相关,1986~2006年黄金与美元的走势,可以直观地看到美元跌的时候黄金在涨,而黄金跌的时候美元则往往处于高位。

美元为什么能影响金价?主要有3个原因:

第一,美元是当前国际货币体系的柱石,美元和黄金同为最重要的储备资产,如果美元坚挺和稳定,就会降低黄金作为储备资产和保值功能的地位。

第二,美国GDP占世界GDP总量的20%以上,对外贸易总额名列世界第一,国际经济深受其影响。

第三,国际黄金市场一般都以美元标价,美元贬值势必会导致金价上涨。比如,20世纪末金价走入低谷时,人们纷纷抛出黄金,这与美国经济连续100个月保持增长、美元坚挺关系密切。

3.根据黄金生产成本预测

"商品的价值取决于凝结其上的一般劳动价值。"也就是说,价格不会

大幅度偏离商品的成本，成本可以挤掉价格的泡沫，以便更好地看清商品的本质。

　　黄金的平均生产成本是290美元/盎司，南非的优质高技术矿产企业的成本更低些，生产商通过对冲交易，可以把短期黄金的最低净生产成本降到250美元/盎司左右。该生产成本与目前超过1000美元/盎司的金价比较，金价是否过高呢？其实并没有过高，黄金和石油一样是资源性商品，矿储量是有限的。当政治局势动荡不安时，人们更能体会到石油和黄金的价值，黄金的成本溢价会更高。

　　2001年，金价跌入最低谷，全年平均金价只有271美元/盎司，也就是说，其低于大多数生产商的生产净成本，生产黄金越多越亏损。这是一种极其不合理的现象，但这却是个绝好的投资机会。当所有的不好消息都出现之后，特别是那年还出现了"911"事件，但这恰好成为了黄金市场走向牛市的开始。运用成本预测法，往往可以提前预知这样的行情。

　　由于观察黄金价格的角度不同，基于不同的逻辑，黄金价格预测有以下几类方法：其一，以黄金属性和黄金价格形成机制为起点的预测方法。其二，基于黄金普通商品属性的供求分析方法。其三，基于经济因素的基本分析方法。其四，基于价格走势的技术分析、时间序列分析神经网络分析方法。其五，基于历史价格走势和相应影响因素相互关系的统计模型分析方法。上述五种方法，以黄金属性和黄金价格形成机制为起点的预测方法考虑到了不同条件和背景下黄金价格形成机制的差异，能够对未来黄金价格有准确的把握，其他方法均没有充分考虑黄金价格在不同背景条件下起主导作用的属性和影响因素变化，没有区分不同背景条件下黄金价格机制的变化，因此在预测的逻辑基础上具有明显缺陷。

　　对于投资者理财来说，金价的涨跌深受汇率、经济形势、证券市场、通货膨胀、国际局势以及石油等主要原料价格的影响，通过对这些相关因素的判断，能较好地预测短期金价。

PART 02
黄金投资策略选择

黄金的品种选择

黄金天然是货币，无论是世界经济开始下滑还是快速发展，黄金永不磨灭的"价值"一直都被投资者视为最佳的避险工具。从2008年全球金融危机爆发以后，投资黄金更是成为了全球老百姓最为热衷的家庭避险方式。接近2009年岁尾，国际黄金价格重新站稳1000美元关口并刷新历史新高，又一轮的黄金投资热情也再次被点燃。美欧经济复苏乏力，美元和欧元走弱。在此背景下，一路飙升的国际金价似乎印证了"乱世买黄金"的古训。如在2010年9月29日，现货黄金开盘1308.80美元，收盘1309.20美元，最高1313.20美元，最低1304.90美元，再创历史新纪录。那么，在纷繁复杂的市场中，普通家庭如何才能买到符合自己投资风格又能保价增值的理想黄金呢？

1.实物黄金

作为抵御通胀的"天然货币"，实物黄金具有非常好的变现性，在全球任何地区都可以很方便地买卖，大多数地区还不征收交易税，这也是为什么实物黄金是目前最为广泛和流行的黄金投资品种之一的原因。例如，工商银行如意金条和建行的龙鼎金。

实物黄金就是所谓的现货黄金，是实实在在拿到手里的黄金，包括金条、金块、金币和金饰品等。它以保值为主要目的，占用的资金量大，变现慢,变现手续繁杂,手续费较高。金条和金块是黄金投资中最普通的投资品种。门槛比较低,操作也比较简单,交易方式多样,且交易成本远较实物黄金要低,可以作为中短线交易的品种,适合普通大众投资。

金币分为普通金币和纪念金币。普通金币对于投资者而言选择的余地比较大,变现性也非常好,但保管难度比金条和金块大。纪念金币是钱币爱好者的重点投资对象,其价格波动风险要大于普通金币。

在这里要特别一提的是金饰品。普通大众对黄金进行投资时首先想到的是买金饰品,这是对黄金投资知识极其匮乏的表现。在本书里讨论的黄金投资不包括金饰品,黄金投资者一定要把金饰品排除在投资之外。

2.纸黄金

"纸黄金"是一种个人凭证式黄金,投资者按银行报价在账面上买卖"虚拟"黄金,个人通过把握国际金价走势低吸高抛,赚取黄金价格的波动差价。但纸黄金是黄金的虚拟买卖,没有保值功能,并不能抵御通胀风险。例如,中国银行黄金宝。

对于纸黄金交易而言,银行与个人投资者之间不发生实物的提取和交收,所以纸黄金交易实质上就是一种权证交易方式。纸黄金所有人所持有的只是一张物权凭证而不是黄金实物。

纸黄金的报价类似于外汇业务,即跟随国际黄金市场的波动情况进行报价,客户可以通过把握市场走势低买高抛,赚取差价。

在纸黄金交易过程中,节省了实金交易中必不可少的保管费、储存费、保险费、鉴定及运输费等。

3.黄金衍生品

对一般投资者来说,投资要适

度，远期或期权应注意与自身的生产能力或需求、风险承受能力基本一致。由于黄金期权买卖投资战术比较多并且复杂，不易掌握，应注意因价格变动的风险太大，不要轻易运用。黄金投资主要包括黄金期货和黄金期权。

（1）黄金期货：黄金期货是一种保证金交易，黄金保证金交易是指在黄金买卖业务中，市场参与者不需对所交易的黄金进行全额资金划拨，只需按照黄金交易总额支付一定比例的价款作为黄金实物交收时的履约保证。黄金期货风险较大，投机性强，适合激进型的专业投资者。

（2）黄金期权：黄金期权是指买卖双方在未来约定的价位，具有购买一定数量标的的权利而非义务。如果价格走势对期权买方有利，则会行使其权利而获利；如果价格走势对其不利，则放弃购买的权利，只损失当时购买期权时的期权费。买卖期权的费用（或称期权的价格）由市场供求双方力量决定。

黄金期权包括买入和卖出期权两种，客户买入黄金期权就是期金宝业务。如某投资者在2006年10月24日买入一笔黄金看涨期权，协定价格为585美元/盎司（1盎司=31.1035克），以期权面值100盎司，期限1个月，所报期权开仓价20美元/盎司计算，投资者付出期权费为20×100=2000美元。

假设到2006年11月24日，期权到期金价涨到638美元盎司，表明投资者看对方向，银行替其执行该期权，客户的收益为100×（638-585）=5300美元，投资者的净收益为5300-2000=3300美元。

如果在2006年11月24日期权到期，金价下跌到585美元/盎司以下，表明投资者看错黄金上涨方向，投资者的期权将无法执行，其全部损失为付出的期权费2000美元。但与实盘黄金买卖相比，损失有限地被锁定，并且不会把所有的本金套牢。

又如在2006年11月9日，金价涨到633美元/盎司，但是投资者预期黄金价格在期权到期日（11月24日）前不会再涨了，这时投资者可以选择将该期权反向卖回银行，锁定利润，如银行报出平仓价30美元/盎司，则投资者的净收益为（30-20）×100=1000美元。

由于黄金期权买卖涉及内容比较多，期权买卖投资战术也比较多且复杂，不易掌握，因此目前世界上黄金期权市场并不多。黄金期权投资具有较强的杠杆性，以少量资金进行大额的投资，如果是标准合约的买卖，投资者则不必为存储和黄金成色担心，从而具有降低风险的功能等。实物黄金的特点决定其适合有长期投资、收藏和馈赠需求的投资者，短期操作也许并不能获得期望的收益率。

4.纪念金币

纪念金币具有一定的投资价值，但投资纪念金币要考虑到其不利的一面，即纪念金币在二级市场的溢价一般都很高，往往远远超过了黄金材质本身的价值。另外，我国钱币市场行情的总体运行特征是牛短熊长，一旦在行情较为火爆的时候购入，投资者的损失会比较大，例如新中国成立60周年纪念金币。

把握"钱途"无限的投资理念

投资理念在投资黄金中至关重要，首先需要了解几种比较重要的投资理念：

1.钟摆原理

所谓钟摆原理，简单地讲就是任何一种资产的价格都不可能无限地上涨，也不可能无限地下跌，就如同钟摆一样终究会回归到平衡状态。偏离程度越大，反向调整的幅度也越大，反之亦然。但需要指出的是投资者往往死板地运用这个原理，而在明显单边市势中希望抓住转势的转折点而不断进行逆市操作，因而造成巨额亏损。价格本身不会告诉投资者何时转势，只有依靠基本面的把握，同时结合技术分析中的趋势分析，顺势而为，这样才能正确运用这一理论来把握金价中长线的运行走势。

2.水床原理

水床的特点就是从一边按下去，另一边因为水的挤压而凸出来。如果把水床比喻成整个金融市场，那么水床里的水就是资金流，各个金融市场之间的资金流动就表现为此涨彼消的关系。资产价格是由资金来推动的，短期内金融市场的增加或减少的资金量相对于总存量来说可以忽略不计，通过分析把握不同子市场之间资金的流向来判断基金经理们的操作思路，从而把握市场中长期的走势。分析的参考指标通常包括股指、收益率曲线、CRB指数等等。当然不同市场有不同的特征属性，也决定了资金一般难以在不同属性的市场之间流动，这样我们可以将金融市场根据不同属性划分为不同的层次和范围，分别运用水床原理来进行分析。

3.市场焦点的把握

即市场中线的走势方向一般都是某一个市场焦点所决定的，同时市场也在不断寻找变化关注的焦点来作为炒作的材料。以2005年的走势为例，2月份的朝鲜和伊朗的核问题使国际局势紧张，使金价在一个月内从410美元迅速上扬至447美元的高点。之后随着美国的退让，紧张的气氛逐渐缓和，适逢美联储议息会议强调通胀压力有恶化风险，使市场焦点立即转变为美国的息口走向，金价随之从447美元滑落。3月底4月初经过一段时间的盘整之后，一系列的美元经济指标显示高油价及利率上升已打击制造业，并使消费信心恶化，市场对美国经济降温的忧虑逐渐占据市场主导，金价从牛皮中突围上扬至437美元。但5月初，美国贸赤、零售销售和非农就业数据表现强劲，经济降温的担心一扫而空，基金多头陆续止损离市，金价再度从437美元滑落。5月中旬之后，市场目光转向欧盟宪法公投，在公投失利引发欧洲政治危机的情况下，欧元拾级下跌，同时金价亦创出413美元的年内第二低点。

从上述可以看出，市场在不断变换关注的焦点，使金价在相应时段确认方向性的走势。当然市场焦点的转换也是在不知不觉当中完成的，不可能有一个明显的分界线，只有通过市场舆论和某些相关信息才能做出推断，而且不能排除推断错误的可能。

4.纪律至上

在决定入市之前，必须先认清自己的风险和期望回报是否对等，以此来决定目标入市价格和止损价格。特别是对于新手而言，往往在入市之后即把原先的计划忘得干干净净，或者即便记得也不能严格遵守，尤其是价格即将到达其止损价时便向自己妥协，临时变动既定的止损价甚至干脆取消，结果落得巨额亏损。在瞬息万变的金融市场上如果不遵守纪律，不严格止损，是根本没有办法生存的，因为你还远没有达到在价格面前心若止水的境界。

5.市场永远是对的

投资者犯的最大错误往往就是在市场面前不肯认输，不肯低头，固执己见。很多人总是装作百思不得其解的模样，认为从任何角度都没有理由是这样的走势，它很快就会反弹的，因此不肯止损。越聪明的人，越容易自以为是。但是请记住，市场价格已经包含了市场的一切信息，市场永远不会错，错的在于你自己。不要自以为是，不要有虚荣心，按市场给你的信息来决定行动计划，一有不对即刻认错，这才是在市场生存下去的长存之道。

6.不要相信规律

任何金融工具的走势绝对不存在所谓的规律，也没有绝对保证获利的公式可循，否则岂不是人人都成为百万富翁？相信市场走势有规律存在的心理是假定了历史会重演。许多专家经常研究以往造成涨跌的原因，而后期待只要这些原因重复出现，大势也会因此涨跌。不过在你接受任何这类说法时不妨自问，为什么成千上万的聪明人，穷尽数十年之精力研究，却未因此而致富？或许这样就能让自己的脑筋清醒一点，不轻易相信所谓的规律。

7.顺势而为

黄金市场作为一个全球性的市场，即使是拥有巨额资金的投机基金也无法决定市场价格，何况个人投资者？所以最明智的方法就是跟随市场趋势顺势而为，和市场对博无异于是螳臂当车，自不量力。人性使然，一般的投资者不愿意相信价格会涨或跌到某个价位，因此不敢追涨或追跌，而在稍微出现一点回调迹象的时候即迫不及待地入市以博取蝇头小利。如果一旦出现亏损便不肯止损，更有甚者为了摊开均价而不断泥足深陷不可自拔。

长线持有、短线炒作与中线波段操作

黄金是一种良好的投资品种，根据投资者的偏好，可以适合短线、中线和长线各种投资策略。下面分别具体论述各种操作策略：

1.长期持有的操作策略

长期持有的操作策略主要是选择合适的投资品种，金条金块是很好的选择。金条金块的变现性非常好，在全球任何地区都可以很方便地买卖，大多数地区还不征收交易税。除了保值增值外，还可以用来收藏、馈赠。缺点是投资门槛高，占用较多的现金，有一定的保管费用。由于黄金价格飙升，国内收藏市场的黄金品种也随之水涨船高，各大机构竞相发售金条、金币，其中的某些产品甚至成为了目前市场上升值最快的品种。2008年发行的奥运会金银纪念币

（第一组），其发行价从9880元左右一直飙升到17000元，翻了近一番；而次年五月发行的第二组金银币也比发行价9494元翻了近50%！其实，金子、金币仍属于收藏品，除了金条中的个别品种，基本属于长线投资的"慢热品"；出现短时间内价格暴增的状态，完全是市场的炒作行为。中小投资者需要端正心态，购买金币，仍以长线收藏为主。

从长期保值功能方面来看，金条比金币略胜一筹。普通投资者以金条投资为宜，从长期全世界黄金走势来看，比较容易操作，保值增值空间相对较大。金条由商业银行或中金的直销旗舰店发售，可根据国内外市场每天挂出的价格进行交易，可随时变现。若长期持有，利润匪浅。

有一定收藏专业基础的投资者，可适度投资金币。如果投资金币，具体来看，收藏者不妨根据自己的爱好选择某些题材重点收藏，这样比打"游击战"更有针对性。金银币一般有多种规格，比如，1/2盎司、1盎司、5盎司、1公斤等，而且通常重量越大，发行量就越少。收藏者可以考虑选择某一规格的币作为收藏重点，结合其发行量挑选一些有升值潜力的币来收藏。比如，专门收藏所有题材发行过的1公斤金币等。

2.短线炒作操作策略

短线操作的真正目的不是不想赚大钱，而是为了不参与走势中不确定因素太多的调整。"走势中的不确定因素"就是一种无法把握的巨大风险，用短线操作的方法，就可以尽量避开这种风险。因此，只要一只股票的攻击力消失，无论它是否下跌，都必须离场——这是短线操作的原则。短线投资主要有以下几个操作技巧：

第一，略懂技术分析，三分靠本事，七分靠感觉。那要学些什么呢？会用极短期平均线，会解释价与量的表现，如此而已。其他就是看看市场指数，听听基本面消息凭感觉从事。

第二，要快乐。你如果觉得短线投资不简单，很痛苦，就不要做。所谓短线投资最短者就是日投资，当日进当日出，不放过夜。长期持股长期伤脑筋，短线投资不过夜，晚上睡得安稳。因持股时间短，担心时间也短。当然，一两天或两三天的持股期也归类为短线投资。短线投资在寻刺激找快乐，不成就这小目的就不要试。

第三，要有数学中学程度。知晓概率是短线投机制胜因素。事实上，说中学程度的概率是好听而已,也许这种小问题没念过算术的人也知道。一个有六面的骰子从1到6,三个偶数三个奇数,偶数出算赢,奇数出算输。长期掷骰,奇偶出的概率约各半。短线投资买后,涨或跌的情况,通常也是各半。那短线投资如何赢呢?让赢的时候赚1份,输的时候赔0.5份。100次中,赢50次,赚50份,输50次赔25份,最后总结赚25份。这是短线投资应该记住的唯一胜计,别无他方良策。所以进场后,方向对了,让它去跑一下以达目的;方向不对,立刻出场没有心理因素考虑去留的余地。

第四,短线投资不是天天投资。做极短线者叫日炒黄金者,但并不能日日投资。如果你今天投资赚了900份的钱,不要期待明天再进场去再赚900份的钱。短线投资好处是好像自己做生意,可选择哪天做哪天不做。

3. 中线波段操作策略

当然,在金价长期看涨的大势中,甚至可以大胆预期涨到2000美元每盎司的前景中,也需要警惕其中的大幅度回调行情。回顾过去10年以来金价的走势,我们可以看到,在每一次金价大涨的行情中,都酝酿着强大的回调风暴,而且来势凶猛,时间极短。这就告诉投资者,在进行黄金投资时,要采取波段操作,顺势而为,并严格控制风险,这样才能稳操胜券。

每一个市场都会循环经历牛市和熊市,相比传统市场投资者只可低买高卖,陷入熊市时只能割肉离场。黄金现货保证金交易则允许投资者在任何时候双向买卖,只要投资者看准方向,不论金价升跌,均可获利。在双向交易的机制下,投资者可通过技术分析和基本面分析把握好大市的方向进行交易。但假使大市走向与投资者预期相反,在注意维持保证金水平的基础上,投资者亦能够利用黄金保证金交易的止损功能,或是在反方向建仓等方法,减少损失。

以上3种操作方法,长线、短线、中线,没有好与坏之分,重要的是把握局势,选择适合自己的操作策略,达到投资有实效的目的即可。

PART 03
实物黄金投资技巧

如何选择实物黄金

根据世界黄金协会的统计，实物黄金仍是以中国和印度为代表的亚洲买金者的首选，在西方黄金投资者中，只有不到1/3的人持有金条或金币，而约有8成的亚洲投资者则希望持有实物黄金。将实物黄金产品作为投资的标的，其中包括金条、金币、金饰品等等，这在我国的黄金消费投资需求中也占到了很大的比例，"藏金于民"便来源于此。

随着春节将至，市场迎来了黄金的消费旺季。股市的动荡和对通胀的担忧，使得很多敏感的投资者在金价不断走低之时选择了抄底。由于实物黄金产品具有投资型、收藏型、金饰品等形式，由此产生的投资成本和额外收益也会出现很多不同。因此，购买时注意考量其用途和溢价因素。

1.投资型：溢价少，变现易

一般来说，投资性金条的纯度较其他纪念性金条或黄金饰品要高一些，几乎不含杂质。投资型金条价格通常都是参照上海黄金交易所原料金的实时牌价，溢价幅度大概在每克10元左右；而收藏型金条、金币等相关产品由于工艺成本高，溢价幅度要远远高于投资型金条。业内专家认为，对于以平衡资产风险与保值需求的投资者而言，投资型金条应该是最佳的投资品种。

从购买渠道来说，现在市场上已经包括了上海黄金交易所、银行代理实物黄金、金商自有品牌和银行自有品牌这几大类的投资性金条，一般规格为50克、100克、200克和500克甚至以公斤计算。上海金交所的实物黄金在提交时，价格以实时的交易所报价为基准，只需要收取一笔2元／克的提金费用，对于有藏金需要的投资者来说，无疑是投资成本最低的选择。

此外，投资型金条的一个重要特点就是回购简单。黄金投资专家梁山表示："金条金币的选择更多的是出于低买高卖的投资获利，因此投资者就应该在众多的同类产品提供商中，选择更加方便回购的商家。"需要注意的是，回购需要交纳几元至十几元每克的回购费。不过，不同卖场出售的投资型金条并不流通，只能是从哪里购买的，在哪里回购。

实物金的长线投资策略适合多数的普通投资者，无须多少专业知识和投入过多的时间精力。由于金条金币占用资金量大，类似房产等固定资产投资，资金流转周期长，需要投资者有耐心，不迎合市场情绪。

2.收藏型：工艺精，有内涵

虽然收藏型黄金产品在投资性方面有所不及，但由于其工艺精美，往往具有特殊的文化内涵，在受欢迎程度上并不逊于投资型金条。纪念性金条或金币一般都有发行题材和发行量的限制，例如，贺岁金条是以农历年生肖为题材制成的纪念性金条或金币。

如果纯粹为了收藏纪念或鉴赏，专家建议投资者应选择权威产品，在鱼龙混杂的各类机构产品中择优藏金。一定要选择中国人民银行、中国金币总公司等权威部门发行的黄金制品，这主要是对于黄金制品的成色和品质的保证，也会对将来的兑现提供最好的保证。在保证权威部门发行的前提下，可以根据自己的喜好选择题材，像近年来热门的生肖、

奥运以及世博题材黄金制品,其附加值都已经被市场所承认。

另外,因为收藏型黄金产品看重的是其艺术与收藏价值,而并不跟随现货价格涨跌。例如,"熊猫"金币就被视为最佳的收藏选择之一。一方面,中国发行的"熊猫"是世界上公认的五大投资金币之一,保证了其含量、成色、规格的稳定性,也提高了"熊猫"金币的被认可度。同时,"熊猫"金币也是国内金银币产品中升水最低的品种,在集藏市场中升水最小的是1盎司"熊猫"金币,其价格比同规格1盎司黄金材质高100~400元左右。与此同时,"熊猫"金币还具有较强的收藏特性,早期发行的"熊猫"金币产品具有很高的市场价值。

3.金饰品:不具备投资价值

说起黄金投资,很多老百姓最先想到的是购买金饰品。但是,从纯投资角度而言,金饰品不适合做黄金投资。金饰的用来装饰、美化生活,它的意义在于美观、好看,购买黄金首饰并不是投资黄金,而属于消费层面,与真正意义上的投资实物黄金有着显著区别。

金饰品由于加工费用、工艺费用比较高,以及企业本身的利润需求,价格相对于金原料而言的溢价较高,其溢价幅度一般都会超过20%。此外,金饰品要变现又将面临很高的折价,折价的幅度常常会超过15%。一般首饰金店都会回收废旧黄金首饰,当前的金饰品如果要直接向一般的金店进行回售,其价格将远远低于同期上海黄金交易所金含量相同的原料金价格。

实物黄金当今形势及投资策略

从一个数据或许能看到,自2000年以来,无论是哪一年的价格幅度变化中,黄金价格的最高价与最低价之前的差距总是超过了100美元。比如,2008年最高时为1032美元/盎司,最低价为680美元/盎司,价差为350美元左右,所以投资者完全可以在一年内做两到三次逢低买入和获利卖出。

对于投资者如何选择最佳购买时机和最佳卖出价格,投资者自己可以做一套黄金投资策略。

在各大金店的实物金销售当中,很多咨询者表示,实物金投资中最大的问题是,选择买入的价格和准备卖出的价格不是很容易把握。近期,一些投资者更会发出这样的疑问,既然黄金价格逐年攀升,以至高位,是否还有继续投资的价值。其实,黄金价格和其他投资产品价格一样,在某种程度上,也有其自身的变化规律。实物黄金投资并不是简单的低买高卖,还得讲究策略,需仔细分析黄金的季度性变化、年度变化、长期变化。

1. 季节性变化

一般情况下,每年的黄金消费淡季5、6、7月份,投资者可以选择在这个时间段内购买,但购买量不能一下子达到饱和。也就是说,如果你准备用20万元做黄金投资,那么一次性购买不能超过投资总额度的1/2,就是一次性购买额度不能超过10万元,如果价格在这时还会继续下降,每下降60到100美元,继续拿出可用投资资金的1/2来购买,直到可用资金用完,这时候投资者所承受的风险是最小的。对于拥有实物黄金的投资者来说,黄金价格出现上涨的时候,就算握在投资者手上的实物金都有了获利空间,也不能一下子全卖掉,这一点非常重要,这一波黄金上涨的时候,很多投资者在930美元左右的时候就已经全部回购了,而在这之后,黄金价格又上涨了50多美元。

所以,建议投资者在没有迹象确定黄金价格是否会继续上涨或出现下跌的情况下,一定要有选择性地购买或谨慎回购,而不是全部一次性投资,这样的话,投资者承受的风险是最大的,而收益是最小的。投资者对回购的选择一般可以在每笔获利到80~300美元的范围内逐步进行,切忌武断地判断市场,走全买全卖的极端方式。

2. 短期形势:黄金价格上行动力不足

研究大宗商品的暴跌历史,不难发现,市场总是在接近疯狂的时候出现了更加疯狂的举动,而后,对理智的渴求似乎只有用一次暴跌才能换回。不过,本次黄金价格上扬是否是疯狂或不理智的行为,有待观察和分析,各个黄金专家也是各执一词,观点不一。

一些专家指出,市场的调节是中长期的,对短期内不合理的价格波动幅度,市场会给予调整,这是自然而然的事情,但这并不影响中长期内合理的价格走势。

从最基本的实物金需求来讲,近年来,国际上一些基金对黄金的持仓量不断升高,而并非是因为这些基金长期看好黄金,最主要的原因是此时此刻将

第九篇 投资黄金：财富保值增值的选择 | 183

资金放在黄金里面的安全系数远大于证券及货币市场。随着这一波贵金属版块的普跌及慢涨，在黄金价格持续走高的情况下，一些基金投行会另行考虑，他们也不愿意承受黄金价格高位压力及成本占用率高等问题，撤出一部分资金投放到其他同类市场完全是有可能的。随着美国经济刺激计划的实施及市场对全球经济大局远期依然抱有信心的时候，美股有望出现回调，一些避险资金从黄金中短暂抽走的可能性不是没有，市场对相对高位的黄金价格或有一个心理保护及理智调节。

3.中长期形势：经济、政治支撑黄金价格

短期内全球经济持续恶化，东欧经济几乎面临崩溃边缘，似乎一切的发展朝着非常不可预知的方向前进。一些悲观主义经济学家也指出，本次金融危机导致的经济危机是历史罕见的，所以它所造成的损害需要很长的时间来弥补。在这种短期经济恶化的环境下，更多国际资本和个人投资者，在思想上的负担会化作一种寻求新型投资的动力。

黄金自金本位消失以来，很多学者将其金融货币属性软化，之后正好赶上经济形势及金融领域几乎是一帆风顺的发展浪潮，经济大势没有给世界主要信用货币太大冲击，但这一切在2008年下半年发生了巨变。目前，欧元区经济实在令很多银行和企业心惊胆战，再加上卢布的迅猛贬值，冰岛、乌克兰的债务危机，曾能够抗衡美元的"荣耀"货币欧元似乎已有些心有余而力不足，市场气氛一片狼藉。雪上加霜的是，国际油价泡沫的破裂，给俄罗斯等产油大国

带来了更多苦恼,俄罗斯的强硬更是给全球经济及政治局势增添了几分警戒。这些类似喜欢将自身问题转嫁给他国头上的国家是否会以一种强制性干预行动出现在未来的国际社会当中,我们无法得知,但有一点是可以明确的,没有任何一个国家会自甘沉溺在经济危机当中,想办法度过危机和保护好自己的利益无可厚非,至于他们会用何种手段,以何种方式来实现,任何举动都是有可能的,都是一种情理之中、意料之外的事情。

黄金的避险需求在未来一段时间内,可能会因为悲观经济的主导而作为一种长期态势来持续,投资机构及个人对黄金持有量的信心高于其他避险领域,奠定了黄金中长期走势。

黄金饰品及天然金块投资知识

目前,我国国内黄金投资渠道狭窄,可以方便投资的品种非常少,造成社会民众与学者对黄金的知识了解有限。许多普通公民迫切想投资黄金,但却存在不少的认识误区,为此必须先要掌握相关知识。

在国内,老百姓平常所能看到的黄金制品,主要是黄金饰品。但黄金饰品并不是一个好的投资品种。黄金饰品具有美学价值,购买黄金饰品本身所支付的附加费用非常高,购买价格与黄金原料的内在价值差异较大,从金块到金饰,珠宝商要进行加工,要加上制造商、批发商、零售商的利润,最终到达购买者手中时这一切费用都由购买者承担。而卖出时,这部分费用只有购买者自己承担,所以黄金饰品的实际交易成本费用非常高。此外,金银首饰在日常使用中会受到不同程度的磨损,如果将旧金银饰品变现时,其价格还要比原分量打折扣。

比如,2001年世界黄金价格处于近25年的历史最低位,平均价格为270美元/盎司,当时的黄金饰品价格为90元左右,而2005年黄金价格上涨到了480美元/盎司时,黄金饰品的市场价格为125元。假设当年购买黄金投资,单纯从黄金原料价格(参照美元价格)的角度看,投资收益率应该为77.8%。但如果投资者购买的是黄金首饰,2001年时的买入价格最低为85~95元/克,一般金商收购旧金的回购价格最高也不超过110元/克。可见,如果投资者投资黄金饰品即使世界黄金价格上涨了这么多,同样也无法享受到黄金上涨的收益,投资首饰性黄金获得的大量投资收益,都将消耗到各种中间成本中了。

天然金块简单地说就是直接从地表开采出来的天然的黄金块,未经任何的人工提炼和加工。每一枚天然金块的形成来源于其先天的形态构成以及后天的自然腐蚀。某些天然金块含有单一或者混合的水晶体,由此可以看出其缓慢的形成过程。

关于天然金块的市场价格,便宜的藏品通常在金价左右浮动,有很高审美价值的就会贵一些,但这有见仁见智的不同审美眼光的差异,因此有很多藏品还很"便宜",尤其是从开采金矿人的手中直接买。但有一点不会变,就是越重的会越贵,这是由它的稀少特性而决定的。

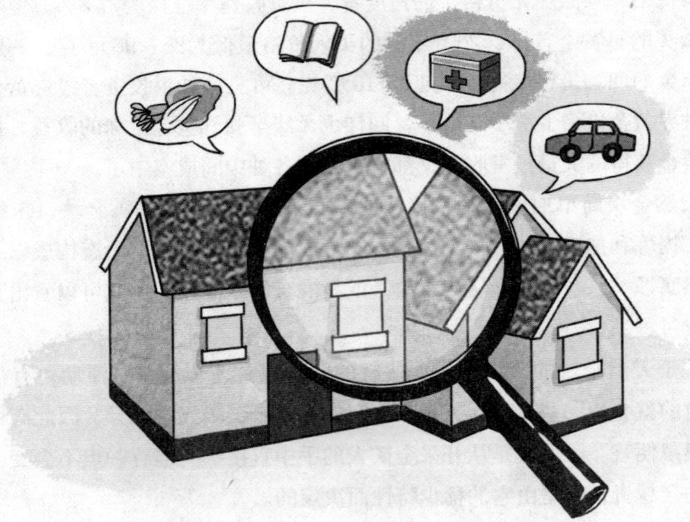

第十篇

投资房产："黄土"即黄金

PART 01
商品房投资技巧全攻略

如何判断房产投资价值

投资者在投资房产时，就像投资其他资金一样，考虑最多的就是房产的未来升值问题，即房屋价格的升值和房屋租金的升值。

随着近几年房产市场的不断完善和健全，房产投资的风险大大降低了，保值、增值的机会增加了。然而，怎样才能判断房子的投资价值呢？以下几大要素可以帮助投资者准确判断房产投资的价值。

1.房屋地段

房地产行家们的标准有3个：地段、地段、还是地段。什么样的地段建什么样的房子，才是这句话的真正含义。

2.房屋质量

投资者选择好的房屋就要看开发商的实力怎样。有实力质量自然有保障，做出的承诺也能兑现。

3.房子的状况

挑一个好的朝向、楼层、户型对出租有很大的好处，这就要看投资者的眼力和爱好了，不过关键还是要房子本身条件好才行。

4.房屋现代化程度

现代社会科学技术发展迅速，住房也是日新月异，住房现代化也逐步成熟起来。因此,判断房子的投资价值,这一点与房子的地段和质量同样重要。

5. 社区文化背景

中国人在国外喜欢住唐人街,外国人在中国也喜欢聚居,这就是文化背景使然。所以,使馆区、开发区周围的公寓里外国人最多,这样使馆区、开发区周围的外销公寓也就十分抢手了。

6. 物业管理

物业管理的好坏直接取决于物业公司的专业程度。另有些物业管理有代理业主出租的业务,因此买房时要注意,一个得力的物业公司也许会给以后的出租带来很多方便。

哪种房产投资好赚钱

正确评估房产的价值是进行房地产投资的第一步。其次,要想继续在房产投资方面稳健地迈步前行,投资者还得了解什么房产才是最好的投资对象。

工业用地和交通水利用地一般都不是理想的投资对象。同样的房屋,城市的价格要比乡村的高出很多。在城市的房产中,商业区和住宅区都是较为理想的投资对象,文教区、农业区、保护区相对来说也可以算是较好的投资对象。

同样是商业区和住宅区,因地段不同也会有好坏之分。有的地段人口密集,商业发达,非常繁荣;有的地段则是待开发地段,许多设施尚未建设好。这样的话,对于投资者来说,投资兴旺地段或即将

兴旺的地段，就是他们的首选。而城郊或离市中心较远的地段，一两年内不可能发展起来，则不是投资的理想地。

　　同一街区，同一地段的不同房产，其价值的大小与房产的位置有密切关系。地产界向来有"金角、银边、铜尾、黑爪子、草肚皮"的说法。"金角"是指临街的街角地，交通便利、客流量大、位置醒目、商业价值高，是设店开铺的首选位置。"银边"是指繁华街道的临街地，商业价值仅次于"金角"。"铜尾"则是指靠近相对清净一侧街道的临街地，商业价值虽不及"金角""银边"，但其价值远高于普通的住宅地。"黑爪子"是指超越街道建筑界限，伸出人行道的地段。"草肚皮"是指不沿街的地方，其商业价值不大，一般只作仓库和住宅用地。

　　房产所处的地段，对房地产投资的成败至关重要。房地产界流行一句名言："不怕好的地段买坏房，就怕不好的地段买到房。"

　　贪图价格便宜，在偏僻的地段投资房产是欠考虑的。虽然房产总价会提高，但如果急需用钱而找买主套现，难度会很大。

如何评估升值潜力

　　目前，购房人在购房时，无论是用来自住，还是用来投资，都把房子的价值空间作为一项重要的参考指标，但许多购房人对房子的升值空间并没有非常清楚的认识。那么，究竟什么样的房子才具有升值潜力呢？

　　一些购房人将房价作为唯一的判断标准，认为只有房价涨了才是升值，这其实是购房人不理性的一种表现：一方面房价表面涨了，但不一定有价就有市；一方面房子升值与否并不一定仅仅体现在房价上。一些有经验的开发商和购房人提出，房子交通、环境、配套的改善及好的物业管理、社区文化所带来的居住品质的提高，也是房子升值的一种体现。

1.住得好才能卖得好

　　人们生活在社会中，必然要依赖于社会环境。交通是否便利、生活配套设施是否齐全会直接影响到人们生活质量的优劣。试想，如果业主每天上下班都要倒上三四趟公车，买一点生活用品就要花半个小时在路上，生活品质就无从谈起。对于居住型的项目来说，能使居住者更方便、更舒适的交通、配套、环境等硬件的改善，也是项目升值的一种体现。另外，有实力的开发商会在搞好楼盘质量这一硬件的同时，也把软件做好，为业主们创造良好的生活环境，让业主们乐于在社区中享受生活的种种乐趣。只有业主们认可了项目的居住品质，才愿意到这个社区中生活，才会对房价有良好的心理承受力，楼盘才可以保有价值甚至提升价值。

2.高品质软件提升房子价值

楼盘项目就像一台计算机，良好的硬件设施固然重要，但如果没有过硬的软件，整个体系就会瘫痪，变得毫无用处。物业管理就像是操作员，时时维护着这个体系的运转，所以优秀的物业管理队伍也是房子高品质的一个重要体现。房子保养得好是房屋升值的基础。好的物业管理会给房子做定期的维护，保护楼盘原有的外观，这样的房子才不会在市场中失去竞争力。"孟母三迁"的故事尽人皆知，可见良好的人文环境对人类的成长和生活来说是十分重要的。现代的人们不仅要求高品质的物质生活，更需要高品位的精神生活。因此，社区文化也就成为了房子能否升值的一个重要因素。目前，很多购房者在购房时也越来越关注项目的社区文化。业主们期望邻里之间能有更多的交流空间，老人、孩子们能得到更多的关爱，社区中有更多家的感觉。

交通、配套、物业管理和社区文化是房子内在的品质，这种品质的外在体现就是房子的升值潜力。在购买过程中，对楼盘的硬件和软件做全方位的考察是十分必要的。房子附近的交通条件、购物环境、教学设施的配套、物业管理的素质以及社区文化的建设等都应被列为考察的条件。良好的软环境对于生活的品质来说是至关重要的，更是房子在日后能够保值、升值的基础。好房子是住出来的，不是卖出来的。在选择房子的时候，作为消费者的你一定要擦亮眼睛，买到能升值的房子，才不会让你在掏了钱之后大呼上当。

PART 02
二手房如何投资得真金

如何挑选二手房

随着已购公房上市速度的加快,二手房交易程序的简化、税费的降低,市场也逐渐活跃起来。在城区购买一套面积适中的二手房,既是普通百姓购房自住不错的选择,也是投资置业的途径之一。怎样在二手房这个大市场中选择自住方便、将来又易于出租或出手的二手房呢?建议你注意以下5个方面:

1.地理位置优、交通便利是首要因素

如果你不想将每天两三个小时甚至更多时间,浪费在从偏远的家到市中心的办公室的上下班途中,而你又没有打算买车的话,在公司附近寻找一个合适的二手房将能满足你的要求。从北京各大房屋中介公司的信息来看,交通便利的旧居民区二手房房源很充足。沿着二环路东南西北方向以及东城二三环之间、东三环和北三环沿线,在商业企业聚集的海淀中关村、国贸、燕莎等商圈附近,都有成熟的居民区。大多数这样的居民区附近公交线路发达,可以直达四面八方,省去中途换车之苦。每天上下班不但可以节省交通费,更重要的是能够有更多可以自由支配的宝贵时间。将来有了更好的房子,这样的二手房也易于出手。

2.方便的购物、就医、教育环境

大多数的旧居民区附近,大有成熟的大型超市,小有方便的小菜市场,不出500米就可以找到市属大医院、幼儿园、小学、中学等。多年的社区人文环境造就了周围各种各样繁荣的社区服务环境。作为一个有小孩在上学，或者有老人需要照顾，或者两者兼而有之的家庭来说，选择这样一个环境生活将会轻松许多。比如，北京的红庙、团结湖地区、市属朝阳医院、呼家楼电影院、朝阳剧场、京客隆超市、朝阳公园、首都经济贸易大学、朝阳体育馆、大中电器城等都在三四站地之内。劲松、安定门、东直门、海淀等地区的旧居民区附近，同样有这样方便的社区环境。

3.避免潜在的质量隐患

俗话说"明枪易躲，暗箭难防"。由于上市的二手房大都已经居住了三五年甚至十年以上，如果房屋质量上存在什么问题，现在应该明显暴露出来了，或者已经被原房主或房管部门修缮过了。在挑选二手房时，消费者应通过仔细认真地检查以及询问房主、询问周围的住户来了解房屋本身的状况，做到心中有数。当然这里面也有门学问，需要有一定的观察力和敏感度，必要时可以找一些行家里手帮你检查。

4.及时拿到产权证，为以后对房屋"处置"提供方便

如果你购买二手房是为了投资，那一定要买有产权的二手房，并且按照规定买卖双方缴纳应缴的税费，进行产权过户手续。那么，在你们的交易行为完成后，房管局将很快核发过户后的产权证。只有拿到了房屋的产权证，房子才算是真正意义上属于你，你可以合法地出租、出售、甚至办理抵押贷款，为以后更换新房提供有力支持。

5.某些繁华地区，特别是二环沿线和二环内的二手房，有拆迁升值的潜力

以北京东直门地区成交的一套二手房为例，这

套面积是52.54平方米的砖混结构二手房,成交价是310万元,合算单价是每平方米59002元。而附近地区的普通商品房单价在每平方米8万元以上。如果今后赶上拆迁,根据拆迁楼房的规定,按照当地普通商品房评估价进行补偿,则至少可以获得30%的静态回报。从各个方面综合来看,遇到拆迁的情况时,楼房升值潜力较大,平房升值潜力则相对一般或者较小。当然,赶不上拆迁,再大的升值潜力也仅仅是潜力。

如果你在挑选二手房时注意以上5个方面,在逐渐红火起来的二手房市场上多"淘"一"淘",没准还能"淘"出一块不大不小的"金子"来。

二手房如何浪里淘金

作为一种投资方式,买二手房的大有人在,在这种情况下,如何浪里淘金就要讲究一些技巧。

1.投资看前景

目前,购买二手房不论是自住还是出租,都是为得到一个最大的价值体现。自住的多是为了找到便利、实惠的房产,而做投资的则是想用极少的钱,使其租金得到最好的表现,获得最大的利润。

从二手房供求市场来看,二手房以"小""旧"居多,大多数在商业区、繁华地段,它主要适合人群为城市外来打工族、部分学生、其他流动人口;没有经济实力购买新房、大房的居民;与儿女们分居的一些老年人;还有其他类型的人群等。总体上说,此类房产有相当大的市场空间。

2.投资眼光要刁

投资二手房时要多看：

一是看项目所在地是否有足够的人气。

二是看项目所在地是否有良好的周边配套环境和市政配套。因为二手房多数是有一些年头的小区，小区的会所虽很成熟，但可能会不太完善，所以选择市政配套和生活配套设施完善的成熟住宅小区很重要。

要认真考察房屋周围有无噪声、有害气体、水污染、垃圾等污染源，还有小区环境、安全保卫、卫生清洁等情况。同时，要对房屋配套设施进行考察，比如，水质、供电容量、供热系统及方式、物业管理和各项收费标准、电视接收的清晰度等，小区附近还应有超市、邮局、餐馆等必备的配套设施。通过考察可以凭借这些使其租住价值得以提升。

三是看项目所在地是否有发达的交通和充足的停车位，尽量避免高架桥的阻隔，这样对居住和生活都会很方便。

四是看项目的户型设计，是否可以稍作一些改造就能使其升值。

3.投资也玩小

投资二手房可据资金来选择，不过前期可先选择小户型的二手房，如一居的，或两居的，因为小一点的二手房占用资金不是太大，出租也较灵活。据了解，二手房中一居的租售成功率较高，二居的受多种因素影响，虽然房源合租需求大，但操作多，大部分是合租用。

由于合租，彼此的生活习惯、搬出的时间不统一，物业费用等容易出现多重纠纷，这些原因是影响二手房投资获利的一个因素。所以相对来说，一居比二居更容易投资获利，但买卖时两居的比一居的更容易出手，因为买者多是小两口、三口之家或是买给父母居

住，这类人多为了便利、实惠或者是居住、生活重心有所变动才选择买房，一般这类人也不会想长期租用。

投资二手房需要注意的问题

"密密麻麻的高楼大厦，找不到我的家，在人来人往的拥挤街道，浪迹天涯，我身上背着重重的壳，努力往上爬，却永永远远跟不上，飞涨的房价，给我一个小小的家，蜗牛的家，能挡风遮雨的地方，不必太大……"这首《蜗牛的歌》，曾被郑智化、张雨生多人唱过。也唱出了很多人的心声，对身在异乡的人而言更是如此，为了停止流浪的脚步，买房的念头在无数人的脑海里不断蔓延，但不断飙升的房价却让不少人望而却步。买新房似乎成了遥遥无期的梦想，所以二手房就成了一种被追捧的方式，只是在购买二手房时也有很多问题需要注意：

（1）看房子要有恒心，要做好艰苦的准备。因为大多数单价便宜的房子基本上都不会让人很满意。下面就有一个人历时半年看房，最终确定一套房子的亲身经历。

"在东莞工作几年后，我逐渐对这座城市有了一定的感情，并有了安家东莞的想法，甚至曾一度梦想能买一套新房，哪怕小一点。"来东莞3年，从事媒体工作的傅岩说，由于压力太大和房价日渐攀升等原因，原有的想法开始逐渐被放弃。"我开始换位思考，并打算在二手房中为自己挑选一个合适的家。"

于是在2002年底，每逢周末，他和女友就游走于城区的大街小巷之间，并光顾了无数家中介公司。"大约看了20多套房，当然收获也不小，基本上做到心中有底。"他以略带几分得意的口吻说，对于每个区域的二手房只要到现场一看，大致能摸准其处于什么价位，"中介公司压根别想浑水摸鱼"。

"看来看去，今年5月最终相中了南城老海关附近一套116平方米的二手房。"他认为，该房户型方正，空间利用不错且十分通透，公摊面积也相对较小，周边交通和购物场所均一应俱全，是宜居之地。或许由于业主是本地人的原因，双方在杀价1.5万元之后，便于次日以36万元的价格爽快成交，真正做到了"该出手时就出手",从而结束了搬来迁去的租住生活。

在首付之后,他每月只需月供2000元,并可在5年内还清尾款。"与买新房相比,差不多省下了一半的价钱,如果除去原来每月六七百元的月租,实际支出完全在自己的承受范围之内。"傅岩欣慰地表示,此举将可让自己轻松地过好"小日子"。

(2)长辈看房子眼光独到,看中好的房子,带长辈看一下,更能决定结果。因为长辈毕竟和房子打交道的时间比自己长,更能明白什么样的房子是好的,什么样的房子是金玉其外,败絮其中。

(3)好的房子不能犹豫太久,出手尽量要快。因为现在买房子的人毕竟是多数,如果你下手稍微晚了一点,就会被别人抢先,而给自己添了无穷悔恨。

(4)不能完全排斥中介公司的作用,虽然他们收的费用比较高,但是为我们省去了很多烦心事。比如说,中介公司会帮我们办理各种证件,水电煤气物业费都会和房东了清,原房主的户口也会迁出,这对外地人购房非常重要。中介公司的收费有商量的余地。如果同一房源挂了很多中介公司,那么为了争夺客户,他们会有适当优惠;如果房东只委托唯一的中介公司,那么就比较难了。

(5)找一个老练的中介员工,如果诚心帮你买房,你看房子的成功率会提高许多。"实际上,买二手房只要多看多走,一定能够淘到自己满意的房子。"这是"过来人"的真实感受。在淘房过程中,与中介公司人员多交朋友很有必要,毕竟现在低价急抛的二手房已经不多,一旦有明显低于市场价的好房源,通常都会在几天之内便被卖掉。而中介人员为了提高成交率,自然也会事先通知自己熟悉并有购买诚意的客户,这样便可随时掌握第一信息。

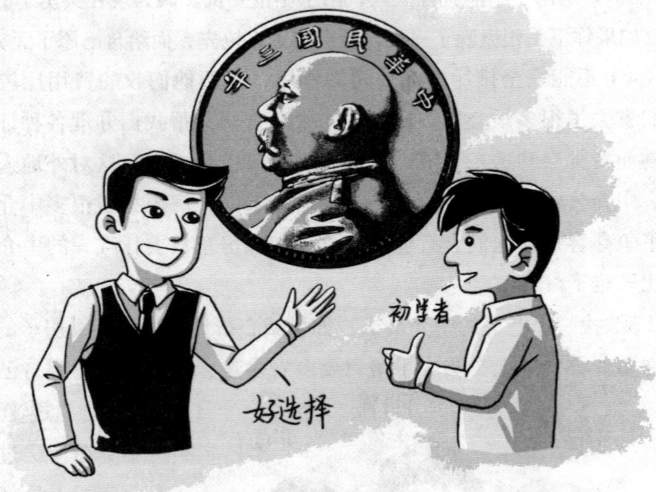

初学者
好选择

第十一篇

投资收藏：寓财于乐

PART 01
收藏品的种类有哪些

邮票投资——方寸之间天地宽

邮票俗称"小市民的股票"。早在20世纪40年代,邮票便成为欧美等国家普遍欢迎的投资对象。自20世纪80年代以来,邮票在股票之前就已成为我国个人投资的热门货。

邮票的种类主要有以下几种:

1. 新票、盖销票、信销票

在我国的邮票市场上,新票价格最高,盖销票次之,信销票最低。在国外的邮票市场中,人们比较重视信销票,最看不上盖销票。传统的邮票投资观念认为只有收集信销票才算是真正集邮,认为购买新邮票不算集邮。信销票的特点是难以收集,但是它作为邮资凭证使用过,有一定的邮政史料价值。对于较早期的邮票,中档以上的邮票新票和信销票价格的高低往往决定于收集难度的大小,并非只要是新票就价格高,信销票价格高于新票的现象也十分普遍。许多集邮者不重视信销票,而给予盖销票较高的地位,今后这种邮票投资观念将会改变。那些收集难度较大的高面值的成套信销邮票,价值很有可能高于新票。如果能够收集一个时期纪念或特种邮票的大全套信销票,其价值将是很高的。

2. 成套票和散票

成套邮票价格都高于散票,但是散票同样具有一定的市场价值。人们可以利用散票价格比成套票低的特点,收集和购买散票,以便凑成套票,使其价值升值。

3. 单票、方连票、整版票(即全张票)

一些人在邮票投资中持有一种错误的观点,即收集方连票,甚至整版票,认为它们的相对市场价格会高一些。从邮票投资上来讲,收集方连票、整版票实无必要,因为投资要比收集单枚票贵几倍至几十倍。如果是中、低档邮票,方连票、整版票很多,比起单票来说,也就没有更高的价值了。

4. 单枚套票、多枚套票、大套票

单枚套票是指1枚1套的邮票。多枚套票是指2～6枚1套的邮票。大套票是指7枚以上1套的邮票。

在早期J、T邮票中,单枚套票的增值明显高于多枚套票和大套票。

多枚套票和大套票的成套信销票收集难度较大,这是许多集邮者都选择购买新票的重要原因;多枚套票和大套票面值较高,这是集邮者购买新票的消极因素。两两相抵,使多枚套票和大套票收集难度高,因此多枚套票、大套票具有近期增值慢,而远期增值较快的特点。

5. 低档邮票、中档邮票、高档邮票

在通常情况下,低档邮票的市场价格比较稳定;高档邮票的邮市价格上下差异很大,不稳定,其价格受时间、地点、邮商和购买者的认识以及售票者特点的影响很大;中档邮票的价格介于两者之间。

在我国市场上,高档邮票特别是珍稀邮票的价格仍然偏低。随着人们生活水平的提高,集邮人数的增加,集邮层次的普遍提高,高档邮票将出现迅速增值的趋势。它们与低档邮票之间的价格差距将更为悬殊。

6.早发行的邮票和晚发行的邮票

邮票发行年代的早晚，在较短的时间内对邮票价格影响较大，往往发行得早的邮票价格高，发行得晚的邮票价格低。但是经过5年、10年，特别是过了20年以后，邮票发行年代的早晚对价格的影响已经微乎其微，甚至完全不起作用。有不少发行较晚的邮票会后来者居上，价格上涨得很高，也有不少早发行的邮票价格总是上不去。所以，以长远的眼光看，邮票发行的早晚对价格的影响是很小的。

7.纪念邮票与特种邮票

"J"字头纪念小型张邮票具有以下3个特点：

（1）作为纪念邮票，以人物或以事件为标志，每一张邮票都包含一定意义。

（2）"J"字头纪念邮票设计制作时使用的颜色比较鲜艳，其中使用金粉较多。

（3）这类邮票一般具有较浓的政治色彩，有一定的教育启发作用，受国家、地区限制，世界意义较小。

受这3种因素的制约，纪念邮票的收藏价值和市场交易价格不如特种邮票。纪念邮票在市场上较畅销的是近期发行的邮票。如"孔子""西藏""建国""亚运会小型张"和五号票"熊猫盼盼""孙中山""奥运会"等。

"T"字头特种邮票小型张，是一种市场畅销品种，它具有世界意义，市场价格也较高。其特点包括：

（1）特种票题材广阔、内容丰富。有山水、花、草、鸟、兽、鱼虫和濒临绝种的珍贵动植物，有名胜风景、古迹文物、文学故事等。由于此种邮票的艺术价值、欣赏价值高，包含的意义深刻，因此广受集邮者的青睐。

（2）特种票选择事物都具有典型意义，或者声望高，或者独一无二，对宣传中国文化具有重要作用。

（3）特种邮票的金粉少，易于保存，收藏风险较小，政治成分少而艺术价值大，适应性广，国内外集邮爱好者都喜爱。

"T"种邮票小型张可分为3大档次：

一是高档票，包括"奔马""工艺美术""公路拱桥""云南山茶花""万里长城""从小爱科学""齐白石""荷花""红楼梦""西厢记""牡丹亭""益鸟""辽彩"等，即1984年以前发行的"T"字头特种邮票都属于高档票。

二是中档票，从1985～1988年发行的邮票划归为中档票。

三是低档票，1989年以后发行的属低档票。其中，高档票中的"药用植物"，因其印数较多，落入中档票范围；"熊猫""白鹤"因其印量较大而落入低档票内。

8.错票与变体票

在众多的邮票当中，有些邮票因设计上的错误或发行量很少等原因，被人们视为极珍贵的邮票。这些邮票在历次拍卖和市场中价格一再上涨，成为集邮家争相搜集的对象。如1990年5月26日，香港旭力集邮公司在第26次通信拍卖中，1枚蓝色的"军人贴用"新票上有约一厘米的撕裂，底价15万港元。

钱币投资——成为"有钱人家"

钱币有很多种类。以形态来分，可分为纸币和金属币两大类，金属币又可分为贵金属币和普通金属币；以国别来分，可分为中国钱币和外国钱币；从时间上来分，可分为古代钱币、近代钱币和现代钱币。

古今中外发行过的钱币有数百万种之多，钱币收藏者只能量力而行，分类收藏。收藏专家认为，钱币收藏要注意看以下7个方面：

（1）钱币是否有面值。没有面值的只能称为"章"，而不能称为"币"。币，必须是可以或者曾经可以作为货币流通。

（2）钱币涉及的题材。钱币所涉及的题材多为历史人物、历史事件、文化艺术、体育、动物、植物、自然景物等。由于每个人的学识情趣、文化品位不同，对题材的偏好各异，所以，收藏者可以选择自己所喜爱的题材进行系列收藏。最好是选择大众喜闻乐见的而且发行量不能太大的，这样的品种比较有生命力。比如，野生珍稀动物系列纪念币，每套发行量都为上百万枚，而且有1/3向国外发行。

（3）钱币的纪年版别。钱币上的纪年是指铸造在钱币上的年份。相同图案、面值的钱币，纪年不同，其价值差异颇大。

（4）钱币的出处。比如说，银圆就分为云南龙版、北洋龙版、江南龙版、贵州竹版等。

（5）钱币齿边形状。钱币的齿边形状大致可以分为平光边、丝齿边、装饰边、铭文边和安全边5大类，是区分铸币不同版别的一个重要依据。

（6）钱币的制作工艺、钱币上的字迹是否自然流畅，与整个钱币是否和谐。做工精美的品种，容易引起市场好感，具有较大的增值潜力。

（7）钱币的成色。钱币的品相是按"成"来划分的，其实，只要有七八成新就可以收藏，如果是珍稀品种，成色差一点也行。当然，十成新的最好，这就表明钱币没有任何脏污斑点，没有任何破损、裂缝，而且重要的是没有经过人工处理。

总之，对钱币鉴别时需要在"看"上下功夫，钱币收藏者往往需要随身携带放大镜。

中国的古钱币有着长达3000多年的悠久历史，各种各样的古钱币中包含着极高的考古学价值和收藏价值。

但是，古钱币投资与其他形式的投资一样，也存在着极大的风险。投资者在古钱币的实际投资过程中，应掌握以下几个要诀：

1.选准某一时期，把握好一点

我国历史上曾经出现过的货币形制成百上千，钱币版本更是成千上万，因此，对于各种各样的形制和版本，任何人都不可能做到一览无余，完全掌握。所以，涉足这一收藏领域的投资者，除了要下大功夫学习相关方面的专业知识之外，最好先从某一时期的钱币着手，这样涉及的钱币种类少，能够把握好一点。等熟悉了基本情况以后，再循序

渐进地逐渐扩大收藏范围。

2. 详细了解有关币种的价格情况

古钱币市场的价格体系复杂，文物价值与市场价格往往严重背离，很难准确把握。因此，古钱币投资者在确定了投资的具体方向后，还要详细了解有关币种的价格情况，要了解相同或相似种类的价格差别，以免遭受投资损失。

3. 密切关注古钱币的出土情况

古钱币的出土情况对市场行情的影响很大，难以预测。由于古钱币没有很高的艺术欣赏价值和使用价值，所以购买者大都是专门的钱币收藏者。因此，市场上对某一类古钱币的需求量在一定时期内是比较稳定的。古钱币在社会上的存有量差别很大，不同的古钱币之间的差价也是巨大的。古钱币的社会存有量有时会增多，因为它有一个巨大的不可预测的地下埋藏库。古钱币的出土情况报纸上常有报道。一般说来，墓葬出土或考古遗址的零星出土，古钱币的数量普遍较小；古人的藏宝之处出土的数量往往较大，币种也比较集中。如果一次挖出同一币种钱币的数量极多，又由于管理不当而流入了市场，那么市场上的供需平衡很快就会被打破，价格随之就会下降。总之，把稀缺币种作为收藏投资的对象时，一定要密切注意最新的出土情况，如果发现有可能影响市场价格的考古出土方面的报道，就应马上采取适当的应对措施。

4. 必须具备一定的识别能力

古钱币因形制简单，铸造容易，从近代开始就有人专门从事古钱币造假，所以，古钱币的收藏投资者必须具备一定的识别能力。

保存最完好的古钱币应该是带锈色而无锈蚀，表面光滑而发亮，各部分均完整无缺，字迹和花纹清晰可辨。

还有一点是投资者应该注意的，由于古钱币的铸造模具由手工雕刻，因此难免会有疏漏，版别漏验及试铸币便成为珍品。

5. 初涉古钱币收藏者可以先从银圆做起

银圆的发行流通时间短，磨损少，保存完好，目前在民间尚有不少持有量。由于银圆本身是贵金属，自身的价值有保证，多少年来一直随着国际市场的金银价格上涨而缓慢爬升。因此，投资于银圆既稳妥可靠，又有一定的获利机会，是初涉古钱币投资者较为理想的选择。

古玩投资——在玩赏中获取财富

有的人曾经很形象地把投资古玩形容为"玩并赚着的投资方式"，确实如此，古玩投资不仅满足了投资者的个人爱好，又能给其带来丰厚的利润回报，岂不是一举两得的事情，何乐而不为呢？

1.玉石翡翠的收藏

在我国历史上遗留下来的玉石翡翠珍品数量非常有限，但普通的古玉石翡翠种类繁多，差价很大，加上作伪者多，识别和辨伪的难度相当大。所以自古以来玉石翡翠非普通人所能及，都是作为皇亲国戚、富商大贾的掌中玩物被收藏的。现代社会随着人们生活水平的不断提高，老百姓手里有了闲余资金，玉石翡翠这些收藏品也逐渐为普通百姓所拥有，并作为投资对象。因此，对于想涉足玉石翡翠收藏的投资者来说，掌握一点玉石翡翠的鉴别与辨别真伪的基本知识是非常必要的。

由于玉石翡翠具有十分繁多的种类和形式，且有大量的伪作，所以，投资者一定要多读有关资料，掌握相关的知识，同时还要注意以下几个事项：

（1）对照实物，多看多比较。玉石翡翠收藏非常注重实践性，所以，要求投资者必须经常接触实物，从而积累大量的实践经验。如果条件允许，投资者可以经常到文物博物馆、古玩专卖店或大商场及旅游商场的工艺品柜台，了解玉石翡翠收藏品的具体市场行情，并牢记各种制作工艺、品色方面的感性特征。另外，还要有意地去逛一些旧货市场或街头地摊，平时对一些小件玉器翡翠饰物多加留意。

（2）具备长期投资的心理意识。玉石翡翠属工艺品，其价格主要受材质和制作工艺的影响，而这些标准又是比较客观的，所以玉石翡翠品的价格在国际国内一直处于稳中上升的趋势，少有大起大落，不像书画作品那样因作者名声的涨落而涨落。所以，除非投资者有非常方便又便宜的进货渠道，否则不适合进行短期投资。

（3）仔细鉴定藏品的真伪。通常投资者仅用肉眼和凭个人经验来鉴别玉石翡翠的真伪。这种方法的可靠性非常有限，单凭经验有可能看走眼，造成投资损失。因此，在决定买较大件的玉石翡翠作为收藏投资的对象之前，一定要尽可能地通过专业鉴定机构或专家，使用专门仪器对玉质进行科学鉴别，从而得出颜色、透明度、光泽强度、比重、硬度等玉石品质方面的分析指标，为玉石翡翠的收藏投资提供科学可靠的依据。

（4）密切关注国内外市场行情。由于我国是玉石的故乡，所以玉石制品基本上来源于国内。投资者既可以直接从商家购买，也可以在民间寻觅收集。然而，玉石制品的消费者主要集中在国外，特别是海外华人圈和西方的博物馆。尽管现阶段国内消费也逐渐扩大，但玉石制品的主流价格仍以海外市场为准。所以，有条件的投资者可以直接参与国际市场的拍卖活动，倘若没有这种条件，则要紧密注视国际市场的行情。

（5）以制作工艺作为选择的首要标准。在众多收藏品中，玉石制品的价格受其年代的影响较小，而主要受其制作工艺水平的影响。一般说来，一个年代久远但工艺简单的玉器，虽然有极高的考古学价值，但因为没有极高的艺术欣赏价值，所以，在国际市场上的价格往往不会很高。而一个现代玉石翡翠工艺品，只要工艺精湛，在国际市场上就可以卖出很高的价格。所以，投资者将玉器翡翠制品作为收藏投资对象时，一定要把制作工艺当成首要标准。

2.青铜器的收藏

青铜是红铜与锡和铅的合金，因其呈青灰色，所以叫青铜。青铜器主要是指先秦时期用青铜铸造的器物。

从我国已发现的各类青铜器的造型和装饰来看，自夏始，中经商、西周、春秋、战国直到秦汉，每一时期既表现出各自的风格和特色，相互间又有沿袭、演变和发展，进而形成了独具特色的中国青铜文化艺术。我国青铜器艺术，在发展史

China~!

上曾经有过商代晚期和战国时期两个发展高峰。商代晚期的青铜器,其质量和数量都得到空前的发展和提高,制作精良,纹饰繁缛,形制奇诡,图案丰富多彩,体现了商代人尚鬼的神秘气氛。战国时期的青铜器,则富于生活气息,注重实用而别出心裁,华贵绚丽又不失文雅。此时的纹饰已从过去奔放的粗花变为工整的细花,并向图案化方向发展,已无神秘色彩。在制作工艺上,最突出的是错金银、嵌红铜、包金银、鎏金和细刻镂等新技术的发明和应用。

鉴于中国青铜器历史悠久,品种纷繁,人们对其进行了详细地分类,其目的在于更清楚地区别青铜器的性质和用途,以利于研究、鉴赏和收藏。

我国青铜器不仅种类丰富,而且别具艺术特色,历来是中外收藏家注意收藏的珍品。由于青铜礼器的造型最为多样,也最能体现青铜器的艺术特色,所以千百年来收藏家都重视鼎、彝、钟、簋、尊、爵、卣、豆等礼器方面的传统收藏,尤其是带铭文的礼器,更是追逐搜寻的重点。本来青铜礼器的传世量就不多,而需求者有增无减,僧多粥少,所以青铜器历来价格昂贵,尤其是珍稀精品,只有王宫贵族和巨富商贾才玩得起。青铜礼器虽说值钱,但并非所有的礼器都有较高的经济价值,特别是那些工艺粗糙、破损严重的礼器。

如果投资者想通过青铜器投资来实现致富的目标,就应该先学会识别真伪青铜器的窍门:

(1)眼看,即看器物造型、纹饰和铭文有无破绽,锈色是否晶莹自然。

(2)手摸,凡是浮锈用手一摸便知,赝品器体较重,用手一掂就知真假。

(3)鼻闻,出土的新坑青铜器,有一种略有潮气的土香味,赝品则经常有刺鼻的腥味,舌舐时有一种咸味。

(4)耳听,用手弹击,有细微清脆声,凡是声音混浊者,多是赝品或残器。

珠宝投资——收益新宠

"宝石"也叫"宝玉石",有狭义和广义之分。

狭义的宝石是指自然界中色泽艳丽、质地坚韧、无裂纹及其他缺陷、硬度较大的矿物单晶体,如金刚石、红蓝宝石、祖母绿等。

广义的宝石除了上述单晶体宝石外,还包括各种玉石、雕刻石等。如今在工艺美术界，人们已将珍珠划入"生物质宝石"的范围。因此，所谓的"珠宝"也就是广义上的"宝石"或"宝玉石"。

我国传统上将宝石与珍珠、琥珀、珊瑚等小件翡翠合称为珠宝。由于珠宝的存量稀少、体积小、价格高，并能长期保值，甚至增值较快，同时又便于携带和永久保存，因此古今中外都视珠宝投资为一种极有利润的投资工具。

在投资过程中，影响珠宝价值的因素，主要表现为：漂亮、耐用性、稀少、市场需求、传统文化心理、便于携带等。

1.珠宝投资经营的主要特点

（1）珠宝具有"硬通货"性质。许多国家都将宝石资源划归国有，并将其作为国民经济发展的重点投资项目和国库储备的对象之一。

（2）全球珠宝贸易市场比较集中，其形式多种多样，贸易的对象也有原石、半成品和成品等。

（3）珠宝交易和其他商品贸易一样，但珠宝交易的一个显著特点是趋于保守和稳妥。

（4）由于珠宝贸易市场中的高额利润，珠宝市场的竞争十分激烈，欺诈、走私和黑市这些现象也就很难得到根本性控制。

2.珠宝投资的范围

（1）钻石。在珠宝交易中，钻石占有相当大的市场份额。近年来，在戴比尔斯集团"中央销售组织"的严格控制下，钻石的价格每年都在稳步上升。

（2）有色宝石。有色宝石包括红宝石、蓝宝石和祖母绿等。有色宝石的回报率不如钻石那样稳定且容易掌握，但是从长远看，有色宝石的供应量比钻石少，所以升幅也可能会较大。

（3）名牌珠宝。品牌是决定珠宝价值的重要因素，世界上著名的珠宝公司如蒂佛尼、卡地亚、凡阿公司等的产品价格始终居高不下。

（4）古董首饰。目前古董首饰在市场上十分流行，也是值得投资的品种。

3.在进行珠宝投资时应遵守的原则

（1）珠宝投资，必须选购具有市场价值的珠宝，即数量稀少，但需求量日益增加、价格不断上涨的珠宝。

（2）不论选购何种珠宝，最好到专业水平较高、信誉良好的珠宝店去选购，不要选购打过折的珠宝。投资珠宝必须选择佳品，才能确保其市场性与增值性。

（3）珠宝的价格受色泽、做工、重量等诸多因素的影响。在购买时一定要索取国际公认的鉴定书，以确保珠宝的品质与价值。目前国际最权威的珠宝鉴定书有：美国宝石学院GIA的鉴定书、欧洲联盟的HRD鉴定书。

我国珠宝来源丰富，品种繁多，人们佩戴和收藏珠宝的历史也很悠久，市场中人们对珠宝的需求量很大。珠宝具有特殊的品性，既是优美的饰品，又是一种特殊的财产。因而，珠宝投资越来越受到大家的欢迎。

PART 02
收藏品的投资策略

收藏品的选择

俗话说："盛世玩古物，乱世收黄金"。记得改革开放之初，经常可以听到一些因收藏而产生的逸事：如某某家传一件古玩被外商以巨资收购，其家也一夜之间成为"巨富"云云。当时类似的传闻很多，听者表示羡慕，妒忌者大有人在。其实自古以来，古玩、名人字画就是官宦、富商和文人所看重的财富载体。至于富有天下的皇室、贵族，更是把其收藏作为炫耀、积累财富的手段。

如今，随着人们文化素质的不断提高，古玩、名人字画之类的收藏品也越来越受到大众的重视。民间收藏现在已经成为收藏界的主力军。据介绍，目前全国已有民间收藏品交易市场和拍卖行200余家，人们从事收藏，除了它们自身珍贵的艺术、历史意义之外，它们的经济价值也越来越高。

收藏物种有如下几个大类：书画、古籍善本、瓷器、陶器、玉器、赌石、奇石、家具、印钮、金石、各种材质的雕刻艺术品、古今钱币、邮品单证、各种刺绣、茶品、琴棋、古今兵器、车辆，还有火花、民间剪纸、皮影等民俗等，如果嗜好动物也算一种收藏行为的话，有些人也喜欢收藏名贵的品种，比如，古人有圈养良驹骏马的习惯。

某些收藏品的时空分为：高古、远古、明清、近代、现代，也有收藏横跨整个人类社会活动的时空的藏品。

总之，收藏是一种涉及范围很广的人类社会活动和兴趣爱好。随着民间收藏的日益兴盛，收藏品种类越来越多，从过去的古玩工艺品、名人字画收藏已经发展到现在的火花、票证、奇石、连环画等，连神舟飞船的一些实物都被爱好者收藏。

据最新资料显示，目前我国收藏品的种类达7400多种，老式家具、瓷器、字画、毛泽东像章、"文革"票证、打火机、邮票、纪念币、拴马桩等都成为新的收藏热点，在一些拍卖会上经常有藏品被拍出惊人高价。一些有实力的企业和个人也纷纷投入到这一前景看好的行业，这些企业和个人收藏的数量之多、品种之全、品位之高令人瞠目，由收藏品众多而举办的民间博物馆也越来越多。而且，民间收藏有利于发掘、整理历史和文化资料。

收藏品的投资程序

收藏品投资者如果能将其投资行为建立在有条不紊的基础上，就有利于抓住机会，减少差错。为此，收藏品投资必须遵循一定的程序，否则，任一阶段的疏忽都可能造成巨大的损失。收藏品投资的基本程序如下：

1.要具有收藏条件

（1）要具有一定的鉴别能力。想要在收藏的过程中从一窍不通学起，要付出的代价太大，切不可尝试。在决定收藏某种品种前一定要先学习一定的相关知识。

（2）要有一定的资金储备。不然，在收藏爱好培养成后突然发现资金不足，使自己陷于遇到好东西买不起，放弃又不忍的痛心情况。所以收藏要量力而行。

（3）要有坚强的后方支持。进行收藏活动前一定要得到家人的支持，这样才能无后顾之忧，并且会得到众人拾柴火焰高的结果，还能与家人一起分享收藏的乐趣。

2.确定收藏方向

（1）了解自己的爱好。

（2）了解哪种收藏品适合自己收藏。比如说，根据家里的收藏空间、收藏条件、经济条件、收藏渠道等等来进行收藏。

（3）不与国家政策相违背。比如，飞机、武器、弹药等在我国是禁止被民间收藏的。

（4）不影响自己的正常生活工作而导致"玩物丧志"，不涉及别人的隐私。比如，照片等可以作为藏品，但哪些可以公开展示哪些不能，就涉及道德问题了。

（5）了解想要收藏藏品的升值趋向，当然非保值升值收藏品除外。

3.选定艺术顾问

正如各个企业都有自己的生产、经营、技术方面的高级顾问一样，投资收藏品也需要专家给予指导。尤其是进行大宗、高价的艺术品投资，更缺少不了艺术顾问。艺术顾问的主要职责是帮助投资者选择所投资的收藏品种类、投资哪些艺术家的作品、投资时机及帮助投资者鉴定收藏品的真伪、质量等。

艺术顾问主要来自下述几种途径：

（1）艺术院校里的专家、教授。

（2）艺术研究机构及博物馆、美术馆等收藏机构的学者、专家。

（3）美术出版社或美术出版物的编辑。

（4）经常在艺术刊物上发表文章或出版艺术方面著作的作者。

（5）艺术公司专门研究艺术与市场发展规律的专家与学者。

（6）画廊、文物商店、珠宝商店、集邮用品商店等收藏品经营机构有经验的经营专家。

（7）熟悉艺术市场行情的艺术家及收藏品鉴定家。

如果收藏品投资者可能拥有一个涉及艺术领域各方面知识的艺术顾问小组，可以使投资者在收藏品投

资中取得更大的收益。

4.收藏品投资策划

收藏者根据自身各方面的情况及对艺术的了解,再结合艺术顾问的建议,在了解艺术市场行情的基础上制定收藏品投资决策。投资者所要掌握的艺术市场行情主要包括:

(1)艺术市场动向及其发展趋势。

(2)以前收藏品交易的成交价格情况。

(3)拟投资的艺术家情况及其发展潜力。

(4)有关法规对收藏品交易的规定。

在对上述艺术市场行情进行分析之后,投资者及其艺术顾问要做出如下决策:

1.所投资收藏品的种类及其数量分布

无论是投资字画、珠宝,还是投资邮品、古董,各种艺术种类内部的投资选择,它们的数量分别是多少。

2.艺术家选择

无论是购买国内艺术家还是购买海外艺术家的作品,他们的年龄结构如何等。

在此基础上,投资者对收藏品投资作出预算。投资预算不仅要考虑收藏品的赢利机会,也要考虑投资者自身的经济承受能力。

收藏投资的操作技巧

随着经济的发展,在人们对物质的需求得以满足的同时,对精神文化的需求日益高涨起来,收藏风的刮起便是这现象的见证之一。但与此同时,收藏品的选择也成了新兴收藏者的困惑。这里提供几点操作技巧:

1.扎实的专业知识

这要靠的就是平日的积累,作为一个成功的收藏者,系统的历史、民俗、文学、考古、工艺美术和社会知识是必不可少的。收藏需要具备"慧眼",这种"慧眼"不是一朝一夕练成的,而是日积月累,不断学习、不断总结经验后才可能具备的。只有虚心学习，不耻下问，才能不断提高鉴赏水平。

首先，要学会取经于典籍，以书为师。大量阅读收藏类书籍、报刊和浏览收藏类网站，尤其是要选择一些权威性著作精读、细读。

其次，要取经于真品，学会以物为师。不少收藏专家指出，仅仅只是学习相关理论是不够的，练就一双鉴宝的"慧眼"还需和真品古玩"亲密接触"。经常到博物馆、文物商店、古玩店、画廊、地摊和拍卖会接触实物，增加感性认识，把书上抽象的文字转化成形象鲜活的内容，牢记在脑海里。

再次，还要加强与藏友和专家的交流，做到以友为师。共同分享收藏知识和心得非常重要，藏友不论年龄长幼，职位高低，能者为师，有疑虑和不懂的地方，虚心向朋友求教。文博专家对收藏知识的系统性掌握，古玩商贩对藏品的识别能力和对行情的把握，藏友对某项收藏的知识经验，都是人们学习的内容。

2.真正的兴趣爱好

古人是怎么玩书画的呢？在风和日丽的好天，窗明几净的书斋里，净手焚香，聚集三五知交，观书品画、纵论古今。现在有多少人把书画买回家之后会去细细品味、研究呢？如果把原本是学问的研讨、人文的涵养、情操的陶冶，演化成仅仅是金钱的较量，如果花大价钱买回家的东西往保险柜里一放再也不看，就等着在市场的最高点出手，那还不如去做别的投资品种，还不存在

真伪、好坏的问题。孔子曾经说过："骥不称其力,称其德也!"以蛮力显示出来的力量,终究不如知识的力量深厚而持久。

3. 良好的风险意识

收藏风险不可不防,收藏市场纷繁复杂,有淘宝的机会,也有深深的陷阱,是一个高风险的市场,投资者还必须加深对艺术品市场的足够了解,才更有可能取得成功。这其中最基本的包括政策法规的风险、操作失误的风险和套利的风险。

政策法规的风险。文物商品是特殊商品,我国为此制定了相关的法律《文物保护法》。它对馆藏文物、民俗文物、革命文物都有具体的界定,尤其是对文物的收藏和流通所作出的相关具体规定,应引起市场参与者的重视。例如,《文物保护法》明令禁止买卖出土文物,地下出土文物归国家所有。但这一条被许多人视而不见。尽管有的出土文物经济价值不大,买卖价钱相当低廉,但这事情的严肃性不属于经济范畴。

操作失误的风险。就一般的古玩收藏爱好者而言,操作失误是指以真品的价格买了仿造品,或是以高出市场的价格买了真品。二者的区别在于后者有可能随着需求的变化,获得某些补偿、回报。而前者却只能使你亏损,回本无望。古玩收藏作为理财手段,具体由专业人士操作,在操作正确无误的情况下,尚且难免受到社会经济环境和供需要求等客观因素的影响导致回报预期无法兑现,更何况不具有专业鉴赏知识,对市场操作认识肤浅的爱好者,参与买卖古玩操作失误的风险就尤其明显了。

套利的风险。客观地讲,古玩市场毕竟是一个不健全、有待完善的交易市场。买与卖者之间能否做到公平、公正地交易较大程度上都要看参与者对市场的参与和认知程度。

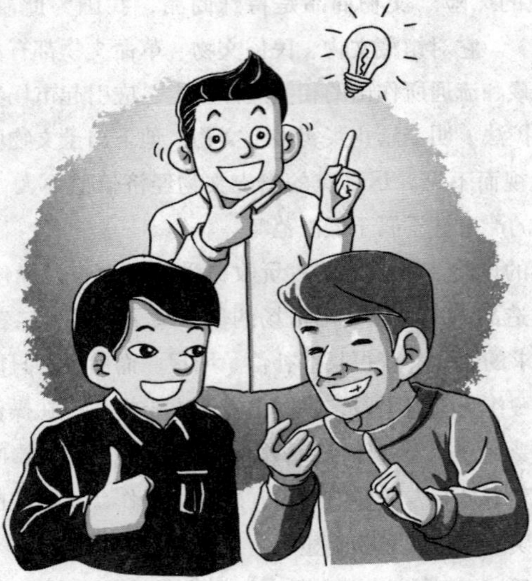

第十二篇

投资商业：借力生财赚大钱

PART 01
如何发现商业投资机会

与市场亲密接触，寻找市场需求

马克·扎克伯格（Mark Zuckerberg）的第一份全职工作就让他拾得头彩，这在亿万富翁中十分罕见。2004年，在扎克伯格还是个哈佛大二生的时候创建了社会化网站Facebook。仿佛眨眼间，Facebook迅速走红，扎克伯格自此便一飞冲天，身家迅速高达40亿美元。

很多亿万富翁都从微不足道的工作干起，逐步发展事业。查尔斯·施瓦布（Charles Schwab）曾在加州萨克拉门托附近的果园采摘并包装胡桃。都乐公司（Dole）董事长大卫·默多克（David Murdock）读完九年级后便辍学，在一家加油站为汽车更换满是油污的零部件，后应征入伍。银行业富豪安德鲁·比伊尔（Andrew Beal）将旧电视机修好，再挨家挨户将其兜售给贫困家庭。上中学时，史蒂夫·乔布斯（Steve Jobs）在技术先驱惠普公司获得了一份暑期工作，遇见了史蒂夫·沃兹尼克（Steve Wozniak）。1976年，两人创办了苹果公司。

Inter Active集团（IAC）创始人巴里·迪勒（Barry Diller）同许多娱乐大亨一样，都从星探机构威廉·莫里斯（William Morri）的经纪人培训项目中踏上了好莱坞之路。这个培训项目外号叫"收发室"，原因是培训之初受训者要在收发室轮岗。

送报员可谓是《福布斯》选出400首富中最常见的第一份职业。帕特里克·麦戈文（Patrick McGovern）、布恩·皮肯斯（T.Boone Pickens）、丹尼斯·华盛顿（Dennis Washington）和谢尔登·阿德尔森（Sheldon Adelson）都是先送报后致富的例子。

探其原因，主要是送报员每天接触最多的就是客户和报纸，这两种都具有快速了解市场需求的特征，引领他们走向全球400首富，相信这是一个不容忽视的原因。

了解自己的资产，明确了想做什么和能做什么以后，这还不够。还要研究市场，市场需求是客观的，你能够做到的是主观的，主观只有和客观一致起来，才能变成现实，才能有效益。因此，要尽你所能，研究市场，捕捉信息，把握商机。机会从来都是垂青有心人的，做一个有心人，就会发现处处有市场，遍地是黄金，你就会发现你拥有的资产的最佳用处。可以从以下几方面进行市场研究：

1.研究大家都在做什么，做什么最挣钱

如果你既缺乏本钱，又没有什么经商的经验，你不妨研究一下大家都在做什么，先随大流，也不失为一种切实可行的选择。看看市面上什么东西最畅销，什么生意最好做，你就迅速加入到这个行业中去。当然，别人做挣钱，并不见得你去做也挣钱，关键是掌握入门的要领。为此，不妨先做小工向做得好的人虚心学习，学习他们经营的长处，摸清一些做生意的门道，积累必要的经验与资金。学习此行业的知识和技能，体会他们经营的不足之处，在你做的时候力争进行改进。比如，有的下岗职工在开饭店前先到别人开的饭店去打工，虽然苦点累点，一两个月下来便掌握了开饭店的基本要领；有的下岗职工在开美容院前先去别人开的美容院打工学手艺，为自己开业积累知识和经验。

2.研究自己家庭生活经常需要什么商品和服务

研究大众需求先从你自己的家庭需要开始。首先，研究你家里每天什么东西消费得最多，在你居住的小区购买方便吗？其次，研究你家里经常需要哪些服务，如家用设施维修、孩子上学路远、中午吃饭问题；子女学习辅导、理发、洗澡、量体裁衣，等等，这些问题在你居住的社区方便吗？再次，研究一下周围的居民小区及新建小区这些大众需求的方方面面。中国人口众多，一人买一瓶醋，就是十多亿瓶醋，一人用一块肥皂就有十多亿块肥皂。普通老百姓衣食住行的日常需要是你稳定而广阔的市场。

3.研究当前及今后一段时间的社会热点、公众话题

1985年，英国王子查尔斯准备耗资10亿英镑在伦敦举行20世纪最豪华的婚礼。这一消息传出，立即成为社会热点，成为英国老百姓最关注的话题之一。而精明的商人都绞尽脑汁，想趁机赚一笔。糖果厂将王子、王妃的照片印在糖果纸和糖果盒上，纺织印染厂设计了有纪念图案的产品，食品厂生产了喜庆蛋糕与冰激凌。除此之外，还有纪念章等各类喜庆装饰品和纪念品，就连平常无人问津的简易望远镜，也在婚礼当天被围观的人群抢购一空，众多厂家为此大大地赚了一笔。

社会在发展，热点会层出不穷，只要你留心观察，在你的周围都有大大小小的热点和公众的话题。1990年以后，全国的申办奥运会热、亚运会热、香港回归热、足球热、股票热、房地产热等等热点不断。你所生活的城市和社区也会有局部的热点，如举鲜花节、啤酒节、旅游节、经贸洽谈会、申办卫生城市，等等热点及公众话题。对政治家来说，热点是政绩和社会繁荣的象征；对普通市民来说，热点是景象，是热闹，是茶余饭后的话题；而对精明的商人来说，热点就是商机，就是挣钱的项目和题材。抓住热点，掌握题材，独居匠心就能挣钱。同时，也注意潜在热点的预测和发现，在热点没有完全热起来之前，就有所发现，有所准备，在别人没有发现商机时，你能发现，就更胜一筹。

4.研究社会难点，关注社会焦点

20世纪80年代初期，外出办公、经商的人普遍感到住宿难、行路难、吃饭难，如今这三难已基本解决，解决这三难的过程同时也是商家赚钱的过程。如今，各类个体饭馆满街都是，解决了吃饭难的问题；各类私营，个体出租车、小公共、大巴士到处跑，高速公路相继投入运营，飞机航班不断增加，火车提速，解决了行路难的问题；各类高中低档酒店、宾馆、个体旅馆如雨后春笋般涌现，解决了住宿难的问题；旧的社会难点问题解决了，新的社会难点还会出现。比如，不少农村出现的卖粮难，城市国有企业困难、下岗职工就业难、居民住房难等难点问题，围绕着上述难点问题的解决，同样充满了各种商机，就看你能不能发现。比如，解决农村卖粮难，还可以搞粮食出口和粮食深加工等项目。解决国有企业困难，需要调整产业结构，优化资本结构，这就为

搞资产经营提供了难得的机遇，盘活资产的过程同时也是挣钱的过程。为解决下岗职工再就业兴办一些市场，提供一些必要的服务，发挥下岗职工的优势，同样可以挣钱；至于解决住房难，搞房地产业更是一个前景广阔的行业。

5. 研究市场的地区性差异

不同的地区需要不同的产品和市场，地理因素的限制会带来不同地区之间的市场差异。比如，外地有些好的产品和服务项目，本地还没有销售或开展业务。本地一些好的产品和服务项目在外地还没有推广，这就是商机。比如，在城市里过时的商品在农村不一定过时，也许刚刚开始消费；在发达地区过时的商品，也许在内地或边远地区依然畅销；在农村卖不出去的土特产品，也许在城市有广阔的市场。由此可见，市场的地区性差异是永远存在的，关键在于你能不能发现，发现差异并做缩小差异的工作，就是在满足市场需求，就是挣钱之道。

6. 研究生活节奏变化而产生的市场需求

现代生活节奏越来越快，越来越多的人接受了"时间就是生命"，"时间就是金钱"的价值观念。快节奏的生活方式必然会产生新的市场需求，用金钱购买时间，是现代都市人的时髦选择。精明的生意人就会看到这一点，做起了各种各样适应人们快节奏生活需求的生意。比如，在吃的方面，中国人口众多，随着人们生活水平的提高和生活节奏的加快，必然要求快餐食品品种更多、数量更大、服务质量更好，这方面市场拓展不定期大有文章可做。在穿的方面，由于生活节奏加快，人们偏爱随意、自然、舒适、简洁的服装，非正式重要场合，较少穿着一本正经的西服。在行的方面，拥有私家车对先富起来的人来说已成为现实，出租业已由城市向乡村发展，围绕着交通和汽车备品市场开展生意，前景也十分广阔。通信业迅速崛起，各类通信工具不断更新，这方面的商品及服务需求也会不断增加。

另外，还可以围绕着适应生活快节奏开展一些服务项目，如家务钟点工、维修工、物业管理服务、快递、送货服务、上门装收垃圾、电话订货购物，预约上门美容理发、看病治疗等都是可以为的项目。

7. 研究人们生活方式、生活观念的变化而产生的市场需求

人们的温饱问题解决后，更多地想到的是享受生活，追求个性完美，围绕着人们生活方式、生活观念的改变就会产生更多新的市场需求。爱美之心，人皆有之。首先追求自身的美，希望能青春永驻、潇洒美丽，这以收入较高的城市中青年女性最为突出。她们需要各种各样的美容商品和美容服务。除了女性，男性也爱美，男人用美容商品，进美容院今天也不是新鲜事了。不仅年轻人爱美，老年人也爱美。人们不仅追求自身的美，也关注与自身有关的美，如自己穿的衣服、用的东西、住的房间等。围绕着人们对美的追求做文章，你会发现市场潜力巨大。

人们不仅追求美，而且还会追求"健"。身体健康长寿是每个人良好的愿望，围绕着人们追求健康长寿的心理也会大有作为的，如现在都市兴起的各种健身房、健美俱乐部、乒乓球馆、保龄球馆等。随着人们生活水平的提高，这方面的需求还会增加。人们物质生活富裕了，自然要求丰富多彩的精神生活。高雅的精神文化产品和相关服务也正形成一种新的产业。节假日的增多，人们闲暇时间增多，走出家门，走出国门到外面世界走走看看的人越来越多，与此相关的旅游业务和产品发展前景也十分广阔。

8.研究不同消费群体不同的需求特点

商业界有句名言："盯住女人与嘴巴的生意就不会亏。"的确，如果你不做女士们的生意，那么你的市场空间就很狭小了。寻找挣钱之道，就必须想办法赚到女士们的钱。在现代社会，女性消费市场的范围日益广阔。女性已成为家庭日常消费品购买的主要决策者和购买者。至于女性专用商品，则基本由妇女自己决策购买。我国目前有15岁以上的女性3.5亿人，其中城镇15岁以上的女性约有1亿左右。因此，研究女性这一消费群体的消费心理、消费习惯和消费需求，开发女性消费品和服务市场，前景广阔。

儿童是又一重要的消费群体。独生子女在家庭中处于一种特殊的地位，据调查，现在很多已婚青年夫妇收入一半以上是用于子女消费。我国目前14岁以下的儿童约有3.5亿，相当于美国与日本的人口总和，儿童消费品和服务市场是一个十分广阔的天地。

除此之外，还要研究青年消费群体、老年消费群体、男性消费群体等以人的生理的特点和年龄划分的几种特殊消费群体的消费心理、购买行为、消费习惯、消费需求，开发不同群体的消费品和服务市场，不同消费群体市场需求的专业化生产经营和专业化服务项目。

总之，社会在发展，人们的生活观念、生活方式在逐渐发生变化，与市场亲密接触，研究这些变化所带来的现实的需求和潜在的需求，就是你挣钱的着眼点。

人脉在手，投资商业就这么简单

在好莱坞，流行一句话："一个人能否成功，不在于你知道什么，而是在于你认识谁。""人脉是一个营销人通往财富、成功的入门票！"就拿旅游行业来讲，刚进社会的年轻人，猛地进入旅行社做业务——认识的人顶多就是同学或同事，需要帮忙时常会陷入"求助无门"的窘境；就算是有工作经验的营销人，若不善于建立、维系关系，也很难进一步扩大人脉圈。

这也许是一个极端，但是了解人脉经营的另一个极端——就要了解一个新名词——"脉客"！"脉客"特指一些善于使用人脉、经营人脉的群体（mankeep）。mankeep译为"人脉经营"，我们称之为"脉客"。在台湾证券投资界，杨耀宇就是个将人脉竞争力发挥到极致的脉客。他曾是统一投资顾问的副总，后退出职场，为朋友担任财务顾问，并担任五家电子公司的董事。根据推算，他的身价应该有近亿元（台币）之高。为什么凭他一名从台湾南部北上打拼的乡下小孩，能够快速积累财富？"有时候，一通电话抵得上10份研究报告。"杨耀宇说，"我的人脉网络遍及各个领域，上千上万条，数也数不清。"

同时，很多成功的商界人士都深深意识到了人脉资源对自己事业成功的重要性。曾任美国某大铁路公司总裁的A.H.史密斯说："铁路的95%是人，5%是铁。"美国钢铁大王及成功学大师卡耐基经过长期研究得出结论说："专业知识在一个人成功中的作用只占15%，而其余的85%则取决于人际关系。"所以说，无论你从事什么职业，学会处理人际关系，你就在成功路上走了85%的路程，在个人幸福的路上走了99%的路程了。无怪乎美国石油大王约翰·D·洛克菲勒说："我愿意付出比天底下得到其他本领更大的代价来获取与人相处的本领。"

从上面的事例中，可以看出：一个人思考的时代已经过去了，建立品质优良的人脉网为你提供情报，成了决定工作成败的关键。环绕四周的多半是共同寻乐和有利害关系的朋友，和他们交往虽然愉快，关系却不能长久。我们很容易分析得出结交朋友的过程，总不外乎因为某种缘分与别人邂逅，对对方产生好感，然后开始进行交流，于是进入"熟识"阶段。对朋友觉得有趣或愉快，通常都在这个阶段。熟识之后，开始有一种共患难的意识，彼此间产生友谊。认为朋友会对我们有帮助，通常是在这个阶段。这个阶段的友谊，联系性强，彼此间也容易产生超过利害关系的亲密感。说得更具体一点，交往的本质其实也就是互相启发和互相学习。彼此从不断摸索中逐渐改变逐渐成长，建立起稳固而深厚的友情。

在我们的工作和生活中，可以作为智囊的朋友，大抵可分为以下3类：

第一类：提供有关工作情报和意见的，称为"情报提供者"。这种人大都从事记者、杂志和书籍的编辑、广告和公关工作，即使你不频频相扰，对方也会经常提供宝贵的意见。

第二类：提供有关工作方式和生活态度的意见，称为"顾问"。这种人多半是专家，甚至是本行内的第一人，可以把他们视为前辈或师长。

第三类：则与工作无直接关系，称为"游伴"。原则上不是同行，通常是在参加研讨会、同乡会和各种社团认识的，有些也是"酒友"。他们不但可以是"后援者"，有时甚至是我们的"监护人"。

"人的情报"比"字的情报"重要得多。既然人脉如此重要。下面来讲述建立人脉的原则及方法。

建立人脉的原则：

（1）互惠：人与人之间都是相互的，所谓"赠人玫瑰手有余香"就是这个道理，如果我们只想拥有而不想给予，那将是一个自私的人，而自私的人是不会拥有真正的朋友的。主动地帮助对方，并且不要拒绝朋友的帮助，人是越帮忙越近，越不好意思越远。

（2）互赖：包括互相依赖、互相信赖。"人"字本身就是一撇一捺互相依靠，互相扶持。

PART 02
商业投资模式的选择

巧借"东风",合伙投资的智慧

在合伙公司的早期经营阶段,巴菲特同奥马哈一位商人接洽并请求他投资1万美元。这个商人告诉他的妻子说他想这么做,但是,他妻子告诉他说,他们拿不出1万美元。"我们可以借钱。"他说。"根本不可能。"他的妻子回答说。今天这个商人的儿子哀叹说他的父母没有投资,从而错失了成为百万富翁的机会,并补充说:"从那以后,我们一直都在辛苦地工作来维持生计。"

查尔斯·海得尔是巴菲特早期的合伙人之一,今天,他是奥马哈市海得尔韦兹合伙公司中负无限责任的合伙人。海得尔说:"我告诉我的家人说。'看呀!沃伦将时时刻刻为我们考虑如何用我们的钱进行投资。'"另外一个投资者是佛瑞德·斯坦班克,他在哥伦比亚见到巴菲特后,便对他留有深刻的印象。斯坦班克因为长期拥有伯克希尔公司的股票、福德赖恩公司的股票以及其他公司股票而闻名。

时光飞逝,原来的一些合伙人不断增加投资,另外一些合伙人进入到董事会中来。后来,其他一些合伙公司也加入到原来的合伙公司,到1961年年末,巴菲特把10个合伙公司联合起来并把原来的名字巴菲特联盟变更为巴菲特合伙公司。

1957年,巴菲特合伙公司创下了赢利31615.97美元的纪录和10.4%的增长率。这可能听起来并不怎么令人激动。但是和那年暴跌8.4%的道·琼斯工业指数相比，情况就相当不错了。

巴菲特，当他在1956年开始经营合伙公司的时候，只有10万美元的资产。但是到1959年，他的资产已经达到了40万美元。巴菲特合伙公司的利润率总是高于道·琼斯工业指数的涨幅，从没有亏损的时候。平均来说，从1957~1962年间，尽管道·琼斯工业指数每年增长8.3%，但是，巴菲特合伙公司的增长率却是在26%。根据巴菲特的计算，巴菲特合伙公司的资产净值，即使在巴菲特家里经营的时候，已达到7178500美元！

从上述例子可以看出，巧借"东风"，巴菲特合理巧妙地运用了合伙投资这种创业方式，从10万美元的净资产到如今7178500美元的净资产，让我们来分析一下合伙投资的优点，主要有以下几点：

（1）合伙企业的资本来源比独资企业广泛，它可以充分发挥企业和合伙人个人的力量，这样可以增强企业经营实力，使得其规模相对扩大。

（2）由于合伙人共同承担合伙企业的经营风险和责任，因此，合伙企业的风险和责任相对于独资企业要分散一些。

（3）法律对于合伙企业不作为一个统一的纳税单位征收所得税，因此，合伙人只需将从合伙企业分得的利润与其他个人收入汇总缴纳一次所得税即可。

（4）由于法律对合伙关系的干预和限制较少，因此，合伙企业在经营管

理上具有较大的自主性和灵活性，每个合伙人都有权参与企业的经营管理工作，这点与股东对公司的管理权利不同。

公司参与合伙对我国的经济发展具有不容忽视的积极意义，允许公司充当合伙人至少有以下好处：一是为公司法人提供多种投资机会和渠道。二是合伙人之间可以相互取长补短，发挥不同企业的各自优势，优化组合，充分实现社会资源的最优配置。三是有利于法人制度与合伙制度的相互借鉴。四是当公司作为普通合伙人时可以直接参与合伙企业的共同事务之管理，可以对自己的转投资财产的运用进行直接控制。五是利用合伙企业非法人身份的税收优惠之好处。这是公司法人选择投资合伙企业的最重要的根源所在。

因为如果公司转投资到其他有限公司或者股份公司，虽然可以享受有限责任制度的好处锁定自己的投资风险，但是，由于公司都是法人，需要以法人独立身份纳税，税后利润分配给公司法人股东时，公司法人要再次纳税。显然，双重征税大大降低了公司投资其他公司的吸引力。而公司法人加入合伙企业，就可以享受到合伙企业非法人不独立纳税的好处。

凡事有利有弊，对此应全面看待，合伙企业的缺点有：

（1）相对于公司而言，合伙企业的资金来源和企业信用能力有限，不能发行股票和债券，这使得合伙企业的规模不可能太大。

（2）合伙人的责任比公司股东的责任大得多，合伙人之间的连带责任使合伙人需要对其他合伙人的经营行为负责，更加重了合伙人的风险。

（3）由于合伙企业具有紧密联系的特点，任何一个合伙人破产、死亡或退伙都有可能导致合伙企业解散，因而其存续期限不可能很长。

合伙投资的优点自是不必多说，但缺点也是不容忽视的，如何巧妙运用，让利为我们所用，避开不利的一面，是我们走向成功投资的关键一步。

加盟连锁，投资成功概率倍增

3年前，还是成都一家服装企业女工的王汉香不会想到，因为加盟廖记棒棒鸡，现在她已经成为了四川名小吃廖记棒棒鸡加盟店的老板。2007年夏天，32岁的王汉香因为工厂效益不好刚刚离职，一直希望能自己创业投资的她在与朋友聊天时,得知了廖记可以加盟的消息,"棒棒鸡在成都可谓是家喻户晓,我当时就想到廖记在成都市内店面比较密集,如果能在郊区加盟一家店,一定能卖得不错。"王汉香很快下定了决心,用自己多年的积蓄,加上亲戚朋友的帮助,凑够了全部投资15万元。2007年底,她的廖记加盟店在成都郊县开业了。开业当天小店就在整条街上引起了轰动。这三年来,随着"棒棒鸡"的名声大噪,王汉香的熟客越来越多,生意也做得更顺了。

从上面的例子可以看出,加盟连锁是一种很好的投资方式。先来详细了解一下什么是加盟连锁。

加盟连锁经营是指总部将自己所拥有的商标、商号、产品、专利和专有技术、经营模式等以加盟连锁经营合同的形式授予加盟者使用,加盟者按合同规定,在总部统一的业务模式下从事经营活动,并向总部支付相应的费用。由于总部企业的存在形式具有连锁经营统一形象、统一管理等基本特征,因此也称之为连锁经营。加盟经营被称为商业形态的第三次革命。第一次是农业时代的杂货店,第二次是工业时代的百货超市,第三次是后工业时代的连锁——加盟经营。有资料表明,国际上著名的跨国公司,70%~80%的连锁店是通过连锁加盟经营方式建立的。国际上运用连锁加盟经营模式比较成功的有"可口可乐""麦当劳""肯德基""家乐福"等。

这种意义下的加盟经营,一般适用于商业企业,"3K"正是借鉴这些著名跨国公司的成功经验,实行了独特的"特许加盟,连锁经营"的经营模式。加盟经营是一种新的现代商业运营组织方式。它适应市场经济的发展,能够更好地为客户服务。它利用知识产权的转让,充分调动了一切有利的资本并将其实现了最优化的组合。

品牌维护费是加盟商取得某一连锁体系单店经营权的必要投资,在签约当时必须给付,相对总部也要提供开店经营管理的支援与协助,加盟商从此被授予该店品牌的使用权。加盟商可以用加盟总部的形象、品牌、声誉等,在商业的消费市场上,招揽消费者前往消费。而且加盟商在创业之前,加盟总部也会先将本身的技术、经营方案等教授给加盟商并且协助其创业与经营,双方都必须签订加盟合约,以达到事业之获利为共同的合作目标,而加盟总部则可因不同的加盟性质而向加盟商收取相应的费用。

特许经营连锁模式对加盟者的好处:

1.可以降低创业风险,增加成功机会

在当今日趋激烈的竞争环境里,市场机会对于小资本的独立创业者来说已是越来越少。每年全国几万家中小企业倒闭的事实告诉我们:一个资金有限、缺乏经验的投资者要在高度饱和的市场环境中独立开创一份自己的事业是困难重重,风险万分的。而投资者若选择一家业绩良好、实力雄厚、信誉颇高的特许经营连锁企业,加盟其连锁网络,其成功的机会将大大提高。有句俗话:树大好乘凉。小投资者加盟特许经营网络,有个连锁总部作"靠山",又可以从总部那里获得专业技术等方面的援助,这对于缺乏经验的创业者来说,的确是一条通往成功的捷径。

2.加盟商可以得到系统的管理训练和营业帮助

一家新店要独自摸索出一套可行的管理办法,往往需要很长的时间,或许在这套管理方法成熟之前,该店就因为多走了弯路而无法维持下去。但如果投资者加入连锁总部,他就不必一切从头做起,尽管他完全没有专业知识和管理经验,他也可以立即得到总部的管理技巧、经营诀窍和业务知识方面的培训。而这些经验是总部经过多年实践,已被证明是行之有效的,并形成了一套规范的管理系统,加盟商照搬这些标准化的经营管理方式极易获得成功。

3.加盟商可以集中进货,降低成本,保证货源

连锁经营最大的优势主要体现在集中进货与配送上。由于加盟总部规模大、实力雄厚,可以获得较低的进货价格,从而降低进货成本,取得价格竞争优势。同时,由于加盟总部是有组织的,在进货上克服了独立店铺那种盲目性,加上总部配送快捷,加盟者能将商品库存压到最低限度,从而使库存成本相应降低。而加盟者卸下了采购重担,只需将全部精力放在商品

推销上，这就加速了商品流转，提高了利润水平。加盟者由总部集中统一进货后，另一大优点是可以充分保证货源，防止产品断档。补给不足、商品缺货是一些个体零售商的常见现象。长此以往，势必影响店铺的信誉及客源。而加盟者则不需要担心这一点，总部已经为其提供了快捷方便的产品配送服务。

4.加盟商可以使用统一的商标和规范的服务

现代社会的消费者，关注的不仅仅是商品的价格。店铺良好的形象与高质量的服务已成了消费者关注的首选。因此，对于一个初涉商海的创业者来说，最头疼的问题就是不知如何提高自己的声誉，吸引消费者，即所谓的"打响招牌"。当然，他可以利用大量的广告展开宣传攻势。但一般的个体经营者，资金有限，他想要创出自己的招牌可谓难上加难。而绝大多数情况下，加盟总部已经建立了良好的公众形象和高品质的商品服务。若投资者加盟了连锁企业，可以分享到企业无形的资产，使自己的知名度和信誉随之提高。从消费者角度来说，一般也会把加盟者的分店看成是某大集团属下的企业，从而增加信赖感。因此，加盟者可以"借他人之梯，登自己发展之楼"，利用这种优势迅速稳固市场地位。

5.加盟者可以减少广告宣传费用达到良好的宣传效果

个体经营者加盟连锁组织以后，可以坐享已经建立起来的良好信誉和知名度，省去初创业时"打响招牌"的广告宣传费用，这是不言而喻的。

6.加盟者较易获得加盟总部的铺货支持

对于一个独立经营者或初创业者，最关心和最棘手的莫过于资金的筹集，他们往往会因为资金没着落或不足，而不能顺利开业，丧失良好的市场机会，或者因为资金周转不灵而陷入困境。如果他们一旦加入连锁组织，资金的筹集就相对来说容易得多。连锁总部对有良好经营能力的加盟者，但一部分资金又暂时不能到位的情况，会采取铺货支持的办法，支援新店铺的开业。而加盟者就可以在前期将店铺顺利运转。

7.加盟者可以获得连锁总部的经销区保护

避免同商铺的恶性竞争，共同对付其他竞争者，保证双方的利益。

8.加盟者可以获得更广泛的信息来源

由于加盟连锁总部会从各加盟店收集来的信息数据加工后及时反馈给加盟店，并随时对周围的各种环境做市场调查和分析，其中包括：消费水平的变动、消费倾向的改变等，使得各加盟者能及早采取应对措施。

当然，特许经营连锁对加盟总部也是有好处的。首先，加盟总部可以迅速扩张规模。总部指在加盟经营活动中，将自己所拥有的商标、商号、产品、专利和专有技术、经营模式及其他营业标志授予加盟商使用的事业者。

加盟总部看重的是加盟者在自己的区域内有一定的优势，如销售渠道及网络资源优势，人际关系及公共关系等优势。总部，作为一个外来者去开拓一个市场，很难在上述优势上有本质的超越。因而，加盟连锁总部可以在短时间内迅速扩张规模。

其次，加盟总部在确保全国销售网络的同时，集中精力提高企业的管理水平，改善加盟店的经营状况，开发新产品，挖掘新货源，作好后勤工作，加快畅销产品的培养；总部可以研究改进店铺设计、广告策划、商品陈列、操作规程、技术管理等一系列问题，使各分店保持统一形象，形成新特色，更好地吸引消费者。

综上所述，特许经营连锁模式的好处是显而易见的。作为一个小资本的创业者，选择特许经营连锁组织不失为一个明智之举！自从国际连锁加盟巡展1998年落户中国，首次将连锁加盟的概念传输给投资者以来，连锁加盟业在我国如雨后春笋般地冒了出来。今天，无论是马路上随处可见的红茶馆还是干洗店都已推出了连锁加盟，并且培养出了一批批加盟者。连锁加盟带给投资者的将是一种在享受他人成功模式的同时，也能给自己带来丰厚的投资回报。

PART 03

商业投资，你需要注意什么

不做没有把握的事

马云成名之后，全球的著名学府，包括哈佛、沃顿、麻省理工等世界级顶尖名校都请马云去给它们做讲演。有一次，马云在哈佛做讲演的时候，曾有学生向马云请教阿里巴巴的成功秘诀是什么。马云很风趣地回答说："我为什么能够成功？原因有三，第一是我没有钱；第二是我对于Internet一窍不通；第三是我想得像傻瓜一样。"

马云说的是实话。他刚开始创业的时候的确没有资金，把自己和员工压箱底的钱都拿出来了，也才凑了50万元的起步资金。他的确不懂互联网技术，据说他的电脑水平只能够收发邮件，甚至连最简单的Word文档都不会打开。但是有一点他没有说，马云从来不做没有把握的事，这是他成功的一个关键因素。

马云第一次创业是搞了一个海博翻译社。为什么搞这个？因为马云的英语非常棒，毫不夸张地说，"可能当时在杭州是英语最好的一个人"。马云的夫人张瑛曾经开玩笑说："马云说梦话的时候都很少讲国语，80%的时候都是用英语。"马云的英语水平由此可见一斑。正是由于英语好，所以马云搞了一个海博翻译社。马云之所以搞阿里巴巴，原因就在于他对电子商务熟悉。马云正式下海后搞的第一个项目就是中国黄页，中国黄页实际上就是最早的电子商务。正是搞中国黄页的经历，使马云认识到了中国中小企业对于信息的迫切需求，使他对于电子商务的模式有了一定的了解，所以做起来才如鱼得水，最终取得了成功。

在《赢在中国》的点评现场，马云在点评一位选手的时候曾经披露过这样一件事："前段时间我跟吴鹰拜访了李嘉诚，他讲了一个事，在座的创业者可以思考一下。有人问李嘉诚凭什么到处投资，做这个，做那个，基本都成功，为什么中国绝大多数人都不成功，而你能成功？李嘉诚回答说，'手头上一定要有一样产品是天塌下来都能挣钱的。'因此，不一定做大，但一定要先做好。"

这就是马云的经营之道，做自己最熟悉的事情。

马云尚且如此，只做熟悉的事情，何况，作为创业者，无论是从一个行业转入另外一个行业，还是初入商场从事一项新的行业，都应该先从自己熟悉的入手。各行各业都能赚钱，关键就在"熟悉"两字。熟悉一个行业到一定程度或相当的程度，创业成功的概率就会大大增加。如果自己没有这方面的能力，只凭主观臆断，想要"见食就吃"，一旦大意或者市场发生了变化，就无法应付，最后的结果是只能以失败而告终。常言说得好，隔行如隔山。有的事情即使你不懂也没什么，但是做生意如果你不懂，那么就要冒着血本无归的危险了。所以，创业需要谨慎，在开创事业或是拓展业务时，最好是有制胜的把握再动手。

首先，做好准备工作。在开始创业之前，就要做好深入细致的考察工作，根据具体情况做出可行的计划。还要做到知己知彼，无论做什么事情都要做好事前的调查工作，客观地分析创业所面临的困难，做最坏的打算，制定最好的对策，争取把损失降至最低。这样就算失败了也不会有致命的伤害。如果没有把握就盲目上马，过于乐观，一旦市场变化或自己大意就会陷入被动了，导致最后惨败。所以，真正想创业，就要做到心中有数，而不做没有把握的事情。这就是要求创业者一定要对某一行业摸熟吃透，不要光凭冲劲、激情、主观想象来做事情。

其次，创业要做到有把握，就必须深入钻研。如果真的看好了一个行业，但自己对该行业不是很熟悉，就一定要在创业之初好好研究它。

选择你熟悉的领域投资

投资大师总有他们成功的原因，每个成功的投资者都有其标准，一些让他们引以为傲的投资法门，不见得适合其他人，于是投资出现了成功与失败。以自己不擅长的方式做投资，就如同一位政治家越过将军直接指挥一场战斗一样。巴菲特知道自己的长处，他说："我是一个非常现实的人，我知道自己能够做什么，而且我喜欢我的工作。也许成为一个职业棒球大联盟的球星非常不错，但这是不现实的。"在投资上，他也只是做自己熟悉的业务。巴菲特认为："当一个投资者不清楚自己本身的能力，去投资自以为是其实一窍不通的企业时，往往是最具有风险的时候。"

投资活动是无形的，由于现在各种各样的推销策略和能把稻草说成金条的推销人才的产生，使许多投资项目能很容易从推销员手中转到投资者手中，而投资者似乎常常因为其高收益而不会被拒绝。同时，对许多众所周知高收益的投资项目，投资者也缺乏可靠的充分的检测手段，因而投资者常常尚未体会到高收益就已先体验了因追逐高收益伴随而来的高风险。大家都应该根据上市公司的年度财务报告来分析判断某公司股价的应

有水平，从而做出自己在股市中的各种决策。

但市场的情况往往是各种假消息、小道消息满天飞，这些都给投资收益的获得增加难度，而投资风险也正是暗藏其中。在选择投资项目时，越是对各种投资项目不了解、不熟悉的投资者越是习惯于打听何种投资项目回报率高，或听信其他人的介绍进行投资。在糊里糊涂中，投资者持有了一些对于他们来说很神秘的投资筹码，其风险可想而知。

通常情况下，投资者不熟悉、不了解自己进行的投资项目时，只能任其波动，放任自流，这正是风险发生的最大突破口。投资者不熟悉自己所进行的投资，也只能听信其他人的介绍或相关信息，而道听途说或轻信正是投资者进行投资的大忌。购买自己不熟悉的投资项目，其收益越高，风险也越大，此时，对收益的追求可以说是贪婪可能压倒担心和谨慎。

相对来说，选择自己熟悉了解的投资项目，充分利用自己已有的专业知识和成熟经验，是投资稳定成功、安全获益的有利因素。可行的办法是在每次投资前，投资者可将自己目前所掌握的有关投资信息列出清单，并依次分析自己的熟悉程度与获利可能性，避免投向那些趋于跌值（不论是突然下跌还是和缓下跌）并可能造成重大损失的捉摸不定的投资项目。

投资者也不要轻信那些听起来都不可能的事。投资不应该急躁，绝对不能在与他人第一次交谈时就同意投资。在与任何人进行投资交易之前，要完全弄清对方及其所代表的公司的详细情况，对其信誉等进行全面的考证。而对于一些自称的经纪人或代理人所提供的相对有吸引力的投资细节，要对其进行宏观层面的分析，即从大处着眼对其思考。如价格便宜的房地产是否存在着质量上的问题，而高收益的债券是否其信誉度很低。只有弄明白了有关问题，即投资者真正达到了熟悉该产品的程度时，才可下决心投资。

有一个简单的法则可以让你减少投资的忧虑，这个法则就是优先投资已知的领域、谨慎投资未知的领域；优先投资熟悉的领域、谨慎投资陌生的领域。这个法则的基本内容是：你必须将钱花在那些你知道的生活中需要的或有义务支付的项目上，例如，食品、住房、交通、债务等，你必须先做到这一点，然后才能投资于那些未知领域，比如，更大的房子、房地产投资或非退休的股票账户。为什么呢？因为如果先投资于未知领域，然后才是已知领域，那么你就是在毁灭自己，毁灭你的安全、幸福和未来。

什么是已知的领域呢？

日常的固定开支是已知必须支付的，包括基本生活开支、房屋的水电管理费、交通通讯费、必须按合约支付的楼宇及汽车按揭付款；子女的养育费用是必须要支付的，由于教育支出的时间和费用刚性，你必须提前做出准备；养老生活是漫长、不能失去经济支持和生活尊严的。30年后谁来养你？必须提前做出财务安排。生老病死是已知的，还有各种各样预期外的意外事件是人生难以避免的，通过预留紧急预备金和保险计划，可以减少突发事件带来的财务困扰。理财专家说："Pay yourself first."首先投资的是自己的生活，其次才是未知的领域。未知的领域需要在做出生活安排之后，追求财富的成长，以实现其他人生目标。如果已经做好了固定支出、债务偿付、子女教育、养老和保险计划，又应该如何投资呢？优先投资熟悉的领域。市场的交易流程、游戏的潜规则、基本的技术分析方法、可信赖的投资经纪人是大额投资的必要前提。很多人买菜的时候还有兴趣讨价还价，在投资的时候却不愿意花时间和进行必要的学习。任何一项高额回报的投资都是风险投资，成要心中有数，败也要败个明白。

总的来说，如果你把大部分的资金用在可预见、可控制的事物上，然后再把额外的资金投进广泛以及未知的、风险资产上，这样将为你的财务生活带来一种全新意义上的安全和秩序。

永远保持"零度"状态

据说，犹太人在某项投资决定后，一般会制订投资一个月后、两个月后和三个月后3套计划。一个月后，即使发现实际情况与事前预测有相当的出入，他们也丝毫不会感到吃惊，仍会一个劲地追加资本；两个月后，实际情况仍不大理想，便进一步追加资本；第三个月后，若情况仍与计划不符，而又没有确切的事实证明将来会发生好转，那犹太人会毅然决定放弃这桩事业。所谓放弃这桩事业，也就是放弃迄今为止全部投入的资金和人力，甘心认赔。即使这样，他们也不会唉声叹气，尽管生意不尽如人意，但也比在一堆烂摊子中大伤脑筋、进退两难要强得多，而且是及时悬崖勒马，否则情况也许会更糟。犹太人这种适可而止、见到大事不妙便掉头的做法，和他们自己民族的经历是分不开的。他们永远保持"零度"状态，做出合理的投资。

通过上面的例子，相信大家对"零度"状态有了感性的认识，下面对"零度"状态进行更理性的认识。法国后结构主义领袖人物罗兰·巴特有篇著作，叫《写作的零度》，他认为，"零度"这个状态能保持最理想的独立性和自由性。《经理人》认为，创新的"零度"哲学亦是如此——它在自由状态下产生，既能独立地自主创造，又可以自由地将各种外部精华为自己所用，学习模仿借力。这种创新行为，不需要赋予太多外部资源，既可能产生领导者，更可能由企业基层员工参与和推动。

"零度"状态代表一种改变原有现状、规则的突破力，强调的是最具活力、理性的创新状态——既要保持冷静的独立性，自主创造，同时也要确保灵活的自由性——即使在没有太多外部资源、动力或者压力的情况下，企业仍然能够保持很强的创新活力。

创新的"零度"哲学，正是中国企业在发展进程中必不可少的！今天的中国经济，已经从一个疯狂吸金、滋生浮躁的年代，回落到正常状态，我们称之为经济学的"零度"。"零度"创新，就是要企业找到本质，从根源上去突破。

丰田召回事件，让我们对"标杆神话"有了另外一种解读。表面看，丰田是因为过度扩张、追求效益而导致质量控制不当，实际上，是创新力不足。解决丰田危机的关键，可能还要回到丰田赖以崛起的精益制造上来，让每一个员工，从每个细节进行创新。"不管是外界，还是企业内部，好像给了创新太多的压力，要业绩，要结果，这本身没有错，然而，越是如此，创新越难以释放，应该赋予创新更多的自由。"北京大学政府管理学院博士段磊说："其实，'零度'创新还代表着一种心态，企业应该保持平常心，创新能力和创新文化都需要慢慢培育，不必操之过急。""我们只用了5年时间，业绩增长了100倍，使奥图码从一个默默无闻的投影机品牌，变成全球市场占有率第二大的品牌，谁都很好奇我们为什么能做到，其实靠的就是创新，特别在早期资源比较缺乏的情况下，我们没有给员工太多束缚，支持他们做各种创新尝试，特别是营销和渠道的创新。这与'零度'创新倡导的理念完全一致。"奥图码亚太区总裁郭特利说。

"零度"创新标杆，持续高绩效：在过去一年多的研究中，《经理人》

发现，很多"零度"创新的标杆型企业，譬如，万科、海尔、中粮、华为、比亚迪、腾讯、开心网、科兴，它们分布在各个领域，规模不等。小型公司因"零度"创新，而获得其他企业由衷的尊敬，迅速做大规模；大公司因为"零度"创新，获得了持久的竞争力，并且建立新的行业标尺。"零度"创新的标杆公司拥有几个共同的特征：

其一，在金融危机中业绩表现尤为出色，主要财务指标要明显高于行业水平。

其二，创新行动能够带来明显的收入增加，从而转化为企业利润。

万科是世界最大的住宅开发企业，在中国经济最困难的两年中，万科业绩持续上涨，2009年的总收入和利润，较上一年分别增长了19.2%和36.3%。在一般人看来，房地产开发企业与通常意义的创新公司相差很远，但是，万科的创新往往是开创性和前瞻性的，亦如王石对万科的定位："做一家新型公司。"万科成长的动力，要得益于王石管理思想的创新。譬如，20世纪80年代，万科率先在全国进行股份制改革及上市；后来提出不追求暴利，超过25%的利润不赚；再后来，主动卖掉赚钱的金融服务、商业等多元化业务，专注于房地产开发；王石还主动辞去总经理职务，让第二代职业经理人打理公司。直到今天，万科在2009年财报致股东的信中，提出打造绿色竞争力，强调企业与环境和谐共生。可以想象，不久的将来，这势必会成为行业的一个新标准。

可以说，王石的每个管理思想创新，都是开创性的，尽管在当时令很多人费解，但回过头来看，万科一步步走向其他企业难以企及的高度，成为行业典范。

百分之百的决心与毅力,填满第一桶金

50多岁的"准退休族"如何谋划未来